日中文化 Q&A

李 軼倫
Li Yilun

KINSEIDO

まえがき

　このテキストは大学1年目の初級中国語を終了した学習者に向けて作成されたものです。全12課から構成され、週1回の授業で1年間無理なく学び終えるようになっています。

　姉妹本である『そうだったんだ！中国～慧眼看中国～』は、主に読解力を身につけることを目標としているのに対し、本書は会話力の向上に特化したものとなっています。各課の内容は、学習者の関心が高い日中異文化コミュニケーションに関するもので、友達作り・部活・恋愛など特に大学生が興味を持ちそうな話題ばかりです。この1冊の学習を終えたころには、中国語の会話力を身につけるだけでなく、中国の大学生をはじめ、中国人の文化習慣や考え方についてある程度知ることができるでしょう。

　テキストの構成は、「本文（会話）」と「文法・表現ポイント」、「練習問題」の他に、このテキストの特徴とも言える「日中文化 Question」・「日中文化 Answer」などと盛りだくさんですが、異なる角度から学習できて飽きにくいよう設計されています。

　各課の本文は全て会話形式で、日本人大学生と中国人留学生の日中文化の差異に関する内容です。会話文はシンプルで自然な日常会話なので、音読練習や暗誦にも適しています。文法・表現ポイントには簡潔でわかりやすい説明をつけて、予習・復習しやすくなっています。例文もシンプルで実用性が高いものを厳選し、丸ごと覚えてそのまま使えるものばかりです。それぞれのポイントには即練習できるようにドリルがついています。他にも、リスニング問題や会話表現力を身につけるための練習問題を用意しています。

　中国語会話の力をつけるのがこのテキストの主な目的ですが、日中両国の文化や習慣の差異を紹介することで、両国の若者が相互に理解し、スムーズに付き合うことができるようになれば、というのもこのテキストの趣旨です。「日中文化 Question」は、その課で取り上げた日中異文化コミュニケーションについてクイズ形式で出題し、「日中文化 Answer」の部分ではその回答と解説になっています。「日中文化 Answer」はコンパクトな文章形式で、日本人の立場から両国の文化習慣の相違点を簡単に説明できるように構成されています。これを熟読（できれば暗記）すれば、中華圏の方と交流する際にきっと大いに役立つでしょう。なお、この部分には、音読のポイントやテクニックの解説をしてあるので、音読練習の良い材料にもなるでしょう。

　他に、各課に「李さんの分かり合いポイント」というコラムがついています。これは主に私個人の実体験ですが、日本に住んでいる1人の中国人が体験したカルチャーショックなどを紹介しています。学習が疲れた時に少しでも気分転換になったら幸いです。

　自画自賛ばかりで恐縮ですが、これまでいろいろな中国語教育の現場で積んだ経験を活かし、長い時間をかけてじっくり作ったこのテキストは、きっと学習者の力になると信じています。

　最後に、この場を借りて、本書の企画段階から出版まで力強くサポートしてくださった金星堂の川井義大さんに心より感謝を申し上げます。

2022 年夏
著者

著　者
　　李　　軼倫

表紙デザイン
　　(株)欧友社

イラスト
　　川野　郁代

🎧 音声ファイル無料ダウンロード

http://www.kinsei-do.co.jp/download/0727

この教科書で 🎧 DL 00 の表示がある箇所の音声は、上記 URL または QR コードにて
無料でダウンロードできます。自習用音声としてご活用ください。

- ▶ PC からのダウンロードをお勧めします。スマートフォンなどでダウンロードされる場合は、
  ダウンロード前に「解凍アプリ」をインストールしてください。
- ▶ URL は、**検索ボックスではなくアドレスバー (URL 表示覧)** に入力してください。
- ▶ お使いのネットワーク環境によっては、ダウンロードできない場合があります。

◉ **CD 00**　左記の表示がある箇所の音声は、**教室用CD** に収録されています。

目　次

你穿这身衣服参加入学典礼吗？

この服で入学式に出るの？

きょうは大学の入学式です。川井さんは同級生の中国人留学生の李さんと待ち合わせをして、一緒に入学式に出ることになりましたが…

新出語句　🎧 DL 001　💿 CD1-01

1. 不好意思 bù hǎoyìsi
   申し訳ない、ごめんなさい
2. 让 ràng 〜させる
3. 久等 jiǔděng 長い時間を待つ
4. 没关系 méi guānxi
   かまわない、大丈夫だ
5. 欸 éi あれ、おや
6. 穿 chuān 着る、履く
7. 身 shēn
   セットになっている服を数える量詞
8. 典礼 diǎnlǐ 式典、儀式
9. 怎么 zěnme なんで、どうして
10. 要 yào 〜しなければならない
11. 西装 xīzhuāng スーツ
12. 怎么办 zěnme bàn どうしよう
13. 换 huàn 替える
14. 来不及 láibují 間に合わない
15. 算了 suànle やめにする、あきらめる
16. 就这样 jiù zhèyàng このままで

会话

DL 002
CD1-02

川井： 不 好意思， 让 你 久等 了。
Bù hǎoyìsi, ràng nǐ jiǔděng le.

李： 没关系。 那 咱们 快 走 吧。
Méi guānxi. Nà zánmen kuài zǒu ba.

川井： 欸？ 你 穿 这身 衣服 参加 入学 典礼 吗？
Éi? Nǐ chuān zhèi shēn yīfu cānjiā rùxué diǎnlǐ ma?

李： 是 啊， 怎么 了？
Shì a, zěnme le?

川井： 参加 入学 典礼 要 穿 黑 西装 啊！
Cānjiā rùxué diǎnlǐ yào chuān hēi xīzhuāng a!

李： 是 吗？ 我 不 知道 啊！
Shì ma? Wǒ bù zhīdào a!

川井： 怎么 办？ 现在 换 衣服 也 来不及 了。
Zěnme bàn? Xiànzài huàn yīfu yě láibují le.

李： 算了， 就 这样 吧。
Suànle, jiù zhèyàng ba.

日中文化 Question

入学式や卒業式、そして結婚式など大事な場面でも服装に無頓着な中国人が少なくありません。ラフな格好で会社に行く人も多いです。それはなぜだと思いますか。

Ⓐ 服装にお金をかけたくないから。

Ⓑ TPO の意識があまりないから。

Ⓒ 個性的な人が多く、人と同じ服を着るのが嫌だから。

ポイント

Point 1 使役動詞 "让"「～させる」 让你久等了。

"让" は「～させる」という意味で、使役を表します。

① 让 您 破费 了。 （破費：散財する、お金を費やす）
Ràng nín pòfèi le.

② 让 你 跑 一 趟, 真 不 好意思。 （趟：1往復の動作を数える量詞）
Ràng nǐ pǎo yí tàng, zhēn bù hǎoyìsi.

✏️ **即練** 次の日本語を中国語に訳しましょう。

(1) ご苦労さまでした。 ＊苦労する：受累 shòulèi

＿＿＿＿＿＿＿＿＿＿＿＿＿＿＿＿＿＿＿＿＿＿＿＿＿＿＿＿

(2) ご心配をおかけして、すみません。 ＊心配する：担心 dānxīn

＿＿＿＿＿＿＿＿＿＿＿＿＿＿＿＿＿＿＿＿＿＿＿＿＿＿＿＿

Point 2 "怎么"「なんで、どうして」 怎么了？

"怎么" は「なんで、どうして」の意味を表す疑問詞で、原因・理由を尋ねます。

① 你 怎么 现在 才 来？ （才：やっと、ようやく）
Nǐ zěnme xiànzài cái lái?

② 你 脸色 不太 好 啊, 怎么 了？ （脸色：顔色）
Nǐ liǎnsè bú tài hǎo a, zěnme le?

※ "怎么了？" の形で、「どうした？」の意味になります。

✏️ **即練** 次の日本語を中国語に訳しましょう。

(1) きょうなんでこんなに暑いんだろうね。 ＊こんなに：这么 zhème

＿＿＿＿＿＿＿＿＿＿＿＿＿＿＿＿＿＿＿＿＿＿＿＿＿＿＿＿

(2) どうしたの？ 体の調子が悪いの？ ＊調子が悪い：不舒服 bù shūfu

＿＿＿＿＿＿＿＿＿＿＿＿＿＿＿＿＿＿＿＿＿＿＿＿＿＿＿＿

Point 3 　"怎么＋動詞"「どのように～、どうやって～」　　怎么办？

"怎么＋動詞"の形で「どのように～、どうやって～」と方法・手段について尋ねます。

① 用　中文　怎么 说？
　 Yòng Zhōngwén zěnme shuō?

② 请问，到　动物园　怎么 走？
　 Qǐngwèn, dào dòngwùyuán zěnme zǒu?

 即練 ▶ 次の日本語を中国語に訳しましょう。

(1) あなたはどのようにお考えですか。　　＊考える：想 xiǎng

————————————————————————————————

(2) チャーハンはどうやって作るのが一番おいしいですか。

————————————————————————————————

 李さんの 分かり合いポイント

　恥ずかしながら、会話文の普段着で入学式に出てしまった李さんはまさにこの僕でした。今もはっきり覚えていますが、チェック模様のグレーのシャツにジーパンでした。黒いスーツの海に浮いている小舟の帆のように、体を小さく縮もうとしてもかなり目立っていました。

　こんな恥ずかしい思いをもうしたくないので、それ以来は気をつけるようにはしていますが、まだまだ修行が足りません。ある時、ちょっと高級な会食パーティーに誘われ、招待状に「服装は自由」と書いていたのでラフ格好で参加したら、他の人はみんなスーツやドレスでした。

　でも、時代の変化によって習慣や価値観も変わるものです。今や中国でも特に都会では、きちんとした格好で入学式や結婚式に出る人も増えました。

DL 006
CD1-06

1 音声を書き取り、内容が正しければ〇、間違っていれば×をつけてください。

① .... （　　　）

② .... （　　　）

③ .... （　　　）

2 下記の中から適切な単語を（　　）内に入れて、完成させた文を日本語に訳しましょう。

①让	②要	③怎么	④算了	⑤来不及
ràng	yào	zěnme	suànle	láibují

(1) 现在后悔也（　　　　　）了。　　（后悔：後悔する）

Xiànzài hòuhuǐ yě (　　　　　) le.

日本語訳：...

(2) 您的名字（　　　　　）念？　　（念：(声に出して) 読む）

Nín de míngzi (　　　　　) niàn?

日本語訳：...

(3) 下课后一定（　　　　　）复习。

Xiàkè hòu yídìng (　　　　　) fùxí.

日本語訳：...

(4) 你不想说就（　　　　　）。

Nǐ bù xiǎng shuō jiù (　　　　　).

日本語訳：...

(5) （　　　　　）我再考虑考虑。

(　　　　　) wǒ zài kǎolùkaolü.

日本語訳：...

日中文化 Answer

DL 007　CD1-07

日本人 / 重视 "TPO"，也 就是 / "时间、地点 和 场合"。 参加 入学 典礼 /
Rìběnrén / zhòngshì "TPO", yě jiùshì / "shíjiān、dìdiǎn hé chǎnghé". Cānjiā rùxué diǎnlǐ /

或 婚礼 时，一般 要 穿 / 正式 的 服装，不然 / 会 让 人觉得 / 没有
huò hūnlǐ shí, yìbān yào chuān / zhèngshì de fúzhuāng, bùrán / huì ràng rén juéde / méiyou

礼貌。但 很 多 中国人 / 对 服装 不太 在意。
lǐmào. Dàn hěn duō Zhōngguórén / duì fúzhuāng bú tài zàiyì.

語句

DL 008　CD1-08

❶ 重视 zhòngshì 重視する　❷ 也就是 yě jiùshì つまり　❸ 地点 dìdiǎn 場所

❹ 场合 chǎnghé 場合、場面　❺ 婚礼 hūnlǐ 結婚式　❻ 时 shí 〜の時

❼ 不然 bùrán そうでないと　❽ 会 huì 〜だろう、〜はずだ　❾ 觉得 juéde 思う、感じる

❿ 礼貌 lǐmào 礼儀、マナー　⓫ 对 duì 〜に対して　⓬ 在意 zàiyì 気にする、気になる

音読のポイント

● "合 hé" "或 huò" "婚 hūn" "会 huì" の子音 h の発音に注意しましょう。喉の奥から摩擦を帯びた「ホ」のように発音すると自然に聞こえます。子音 f との違いも気をつけましょう。

● "要穿正式的服装"、"不然会让人觉得…" のような「助動詞＋動詞（フレーズ）」はバラバラにならないよう、一つのかたまりで読むようにしましょう。

音読練習

1 子音 h と f に注意して発音してください。

DL 009　CD1-09

① 好喝 hǎohē　（飲み物が）おいしい　　② 会话 huìhuà　会話、会話する

③ 和服 héfú　着物　　④ 护肤 hùfū　スキンケアする

2 助動詞の読み方に注意して発音し、下線に日本語訳を書いてください。

DL 010　CD1-10

① 明年暑假我想去中国旅游。Míngnián shǔjià wǒ xiǎng qù Zhōngguó lǚyóu.

日本語訳：＿＿＿＿＿＿＿＿＿＿＿＿＿＿＿＿＿＿＿＿＿＿＿＿＿＿＿＿＿＿

② 明天的会议你能参加吗？ Míngtiān de huìyì nǐ néng cānjiā ma?

日本語訳：＿＿＿＿＿＿＿＿＿＿＿＿＿＿＿＿＿＿＿＿＿＿＿＿＿＿＿＿＿＿

咱们加个微信吧。

Wechat 交換しましょうよ。

李さんは同じ大学で中国語を習っている女子学生西村さんと知り合いになりました。それほど親しくなっているわけでもないのですが…

新出語句　 DL 011
　　　　　 CD1-11

1. 加 jiā 加える、追加する
2. 微信 Wēixìn
　　Wechat（LINE のような中国のメッセンジャーアプリ）
3. 用 yòng 使用する、使う
4. 那 nà では、それなら
5. 行 xíng よろしい、オーケーだ
6. 二维码 èrwéimǎ QR コード
7. 扫 sǎo スキャンする、読み取る
8. 镜头 jìngtóu レンズ
9. 坏 huài 壊れる
10. ～不了 ~buliǎo ～できない
11. 嗯 ǹg うん
12. ～上 shàng 目的達成の意味を表す
13. 以后 yǐhòu 今後、これから
14. 常 cháng よく、しょっちゅう
15. 联系 liánxì 連絡する
16. 哦 ò ああ、おお（合点や納得を表す）

会話

李： 咱们 加 个 微信 吧。
Zánmen jiā ge Wēixìn ba.

西村： 欸？ 不 好意思， 我 不 用 微信。
Éi? Bù hǎoyìsi, wǒ bú yòng Wēixìn.

李： 那 LINE 也 行。 这 是 我 的 二维码， 你 扫 我 吧。
Nà LINE yě xíng. Zhè shì wǒ de èrwéimǎ, nǐ sǎo wǒ ba.

西村： 啊……， 我 的 手机 镜头 坏 了， 扫不了。
Ā......, wǒ de shǒujī jìngtóu huài le, sǎobuliǎo.

李： 那 我 扫 你 吧。
Nà wǒ sǎo nǐ ba.

西村： 嗯……， 那 好 吧。
Ng......, nà hǎo ba.

李： 好 了， 加上 了。 以后 常 联系 吧！
Hǎo le, jiāshàng le. Yǐhòu cháng liánxì ba!

西村： 哦……， 好。
Ò......, hǎo.

日中文化 Question

多くの日本人にとって、初対面なのにいきなり連絡先の交換はちょっと戸惑いますね。李さんはどうしてそんなことをしたのでしょうか。

Ⓐ 西村さんに一目惚れしたから。

Ⓑ 友達を作るのが大好きだから。

Ⓒ 連絡先交換について深く考えていないから。

ポイント

Point 1 　量詞の語気を和らげる用法　　咱们加个微信吧。

量詞は物事を数えるために用いられるほか、語気を和らげることもできます。

① 请 在 这儿 签 个 字。　　（签字：サインする）
　　Qǐng zài zhèr qiān ge zì.

② 咱们 一起 照 张 相 吧。　　（照相：写真を撮る）
　　Zánmen yìqǐ zhào zhāng xiàng ba.

即練　次の日本語の意味になるよう、語句を正しい順に並べ替えましょう。

(1) 中に入ってお茶でも飲んでください。
　　（ 喝 / 茶 / 进来 / 吧 / 杯 ）
　　　hē chá jìnlai ba bēi 　　...

(2) 着いたら私にお電話ください。
　　（ 给我 / 到了 / 电话 / 打 / 以后 / 个 ）
　　　gěi wǒ dàole diànhuà dǎ yǐhòu ge 　　...

Point 2 　"動詞＋不了"「〜することができない」　我的手机镜头坏了，扫不了。

"動詞＋不了 buliǎo" の形で「〜することができない」と不可能の意味を表します。

① 我 一直 忘不了 那 件 事。
　　Wǒ yìzhí wàngbuliǎo nèi jiàn shì.

② 他 想 戒烟，可 怎么 也 戒不了。　　（戒烟：たばこをやめる）
　　Tā xiǎng jièyān, kě zěnme yě jièbuliǎo.

即練　次の日本語を中国語に訳しましょう。

(1) 彼は用事があって来られません。　　＊用事がある：有事 yǒu shì

　　...

(2) 携帯はバッテリーが切れたので使えません。　　＊バッテリーが切れる：没电 méi diàn

　　...

Point 3 目的達成の意味を表す"上"　好了，加上了。

第2課

"動詞＋上"の形で目的の達成の意味を表すことができます。

① 你 一定 能 考上 一流 大学。　（考：受験する）
Nǐ yídìng néng kǎoshàng yīliú dàxué.

② 听说 他 最近 交上 女朋友 了。　（听说：聞くところによると
Tīngshuō tā zuìjìn jiāoshàng nǚpéngyou le.　　交：（友達を）作る）

  即練　次の日本語を中国語に訳しましょう。

(1) 彼は中日大学に受かったらしいです。

_____

(2) 彼は前の選手に追いつきました。　＊選手：选手 xuǎnshǒu　＊追う：追 zhuī

_____

 李さんの 分かり合いポイント

　僕の Wechat の連絡帳には人がたくさんいますが、ハンドルネームの人が多く、追加しただけで連絡は一度もしたことがないので、つい「誰だっけ？」となってしまいます。

　あまり親しくない人と連絡先を交換するのに抵抗がある日本人が多いと思いますが、中国人は初対面でそれほど親しくなっていなくてもよく連絡先を交換します。しかし実際は、会話文のように"以后常联系吧！"と言っておきながら、その後一度も連絡を取り合うことがなく、結局お互いに「正体不明」な存在になることも多いです。

　多くの中国人にとって、Wechat などの交換はビジネスマンが初対面で名刺交換をするようなことかもしれません。必ずしもこれから連絡を取り合うとは限らず、とりあえず追加しておこうというくらい軽い気持ちで連絡先を交換する人が多いようです。

DL 016
CD1-16

1 音声を書き取り、内容が正しければ〇、間違っていれば×をつけてください。

① _____ (　　　)

② _____ (　　　)

③ _____ (　　　)

2 下記の中から適切な単語を (　　) 内に入れて、完成させた文を日本語に訳しましょう。

①行	②常	③扫	④上	⑤不了
xíng	cháng	sǎo	shàng	buliǎo

(1) 我现在去 (　　　　)。

　　Wǒ xiànzài qù (　　　　　　).

　　日本語訳: ....

(2) 他住 (　　　　) 大房子了。

　　Tā zhù (　　　　　) dà fángzi le.

　　日本語訳: ....

(3) 我跟他不 (　　　　) 联系。

　　Wǒ gēn tā bù (　　　　　　) liánxì.

　　日本語訳: ....

(4) 请 (　　　　) 一下二维码。

　　Qǐng (　　　　　　) yíxià èrwéimǎ.

　　日本語訳: ....

(5) 发照片或 PDF 文件都 (　　　　)。　　(发：(メッセージなどを)送る　　文件：ファイル)

　　Fā zhàopiàn huò PDF wénjiàn dōu (　　　　　　).

　　日本語訳: ....

日中文化 Answer

DL 017
CD1-17

大多 日本人 / 一般 在 关系 变得 比较 亲密 以后， 才 交换 联络 方式。
Dàduō Rìběnrén / yìbān zài guānxi biànde bǐjiào qīnmì yǐhòu， cái jiāohuàn liánluò fāngshì.

但 中国人 / 往往 刚 认识，就 交换 微信 / 或 手机 号码 等，
Dàn Zhōngguórén / wǎngwǎng gāng rènshi， jiù jiāohuàn Wēixìn / huò shǒujī hàomǎ děng,

而且 / 没有 什么 顾虑。
érqiě / méiyou shénme gùlù.

語句

DL 018
CD1-18

❶ **大多** dàduō 大部分、ほとんど ❷ **关系** guānxi 関係、仲 ❸ **比较** bǐjiào 比較的に、わりと ❹ **亲密** qīnmì 親しい、親密だ ❺ **才** cái やっと、ようやく ❻ **交换** jiāohuàn 交換する ❼ **联络方式** liánluò fāngshì 連絡先 ❽ **往往** wǎngwǎng 往々にして、しばしば ❾ **刚** gāng ～したばかり ❿ **认识** rènshi 知り合う ⓫ **就** jiù すぐ、もう ⓬ **号码** hàomǎ 番号 ⓭ **而且** érqiě しかも、それに ⓮ **顾虑** gùlù 心配、躊躇

音読のポイント

- "般 bān""但 dàn"の an は「アン」ではありません。舌を持ち上げて、「アェン」の音を出すようにしましょう。

- "<u>但</u>中国人 / 往往刚认识"、"<u>而且</u> / 没有什么顾虑"の"但"と"而且"はいずれも接続詞ですが、1 文字の接続詞は後ろにつなげて読み、2 文字の接続詞は一拍置いて読むのが一般的です。

音読練習

1 -n と -ng の違いに注意して発音してください。

DL 019
CD1-19

① 担当 dāndāng 担当する ② 反抗 fǎnkàng 反抗する

③ 当然 dāngrán 当然だ ④ 浪漫 làngmàn ロマンチックだ

2 接続詞の読み方に注意して発音し、下線に日本語訳を書いてください。

DL 020
CD1-20

① 姐姐有点儿内向，但妹妹很开朗。 （开朗：朗らかだ）
Jiějie yǒudiǎnr nèixiàng, dàn mèimei hěn kāilǎng.

日本語訳：..

② 我很想参加，但是明天有事去不了。
Wǒ hěn xiǎng cānjiā, dànshì míngtiān yǒu shì qùbuliǎo.

日本語訳：..

第2課

中国的卡拉OK房间比这个大多了。

中国のカラオケの部屋はこれよりずっと広いよ。

川井さんに連れて行ってもらって、李さんははじめて日本のカラオケボックスに来ました。

🎧 DL 021

💿 CD1-21

新出語句

❶ 房间 fángjiān 部屋

❷ 这么 zhème こんなに

❸ 一般 yìbān 一般的だ

❹ 这样 zhèyàng このような

❺ 卡拉OK kǎlā OK カラオケ

❻ 多了 duōle ずっと〜

❼ 价格 jiàgé 価格、値段

❽ 按 àn 〜に基づいて、〜によって

❾ 人数 rénshù 人数

❿ 收费 shōufèi 料金を取る

⓫ 越〜越… yuè~yuè…
　　〜すればするほど…

⓬ 是的 shì de そうです

⓭ 合理 hélǐ 合理的だ

川井： **201　房间 在 这里。**
Èr líng yāo fángjiān zài　zhèli.

李： **欸？ 房间 这么 小 啊！**
Éi?　Fángjiān zhème　xiǎo　a!

川井： **两 个 人 的 房间， 一般 都 是 这样 吧。**
Liǎng ge　rén　de fángjiān,　yìbān　dōu　shì　zhèyàng ba.

李： **中国 的 卡拉 OK 房间 比 这个 大 多了。**
Zhōngguó de　　kǎlā OK　fángjiān bǐ　zhèige　dà　duōle.

川井： **是 吗？ 那 价格 也 很 贵 吧？**
Shì　ma?　Nà　jiàgé　yě　hěn　guì　ba?

李： **对。 在 中国 卡拉 OK 是 按 房间 收费。**
Duì.　Zài Zhōngguó　kǎlā OK　shì　àn fángjiān shōufèi.

川井： **那 人数 越 多 越 便宜 吧。**
Nà　rénshù　yuè　duō　yuè　piányi　ba.

李： **是 的， 我 觉得 这样 比较 合理。**
Shì　de,　wǒ　juéde zhèyàng bǐjiào　hélǐ.

日中文化 Question

日本と中国のカラオケ料金システムの違いには、どのような背景があると考えられるでしょうか。

A 中国には割り勘をする習慣があまりない。

B 経済の発展につれて、中国の物価も上がっている。

C 中国ではカラオケは接待に利用されることが多い。

DL 023
CD1-23

Point 1 程度を表す "这么＋形容詞" 「こんなに～」　房间这么小啊！

"这么＋形容詞" の形で「こんなに～」と程度を表します。

① 已经 这么 晚 了, 你 要 去 哪儿?
Yǐjīng zhème wǎn le,　nǐ yào qù nǎr?

② 你 今天 怎么 这么 高兴? 有 什么 好事儿 吗?
Nǐ jīntiān zěnme zhème gāoxìng? Yǒu shénme hǎoshìr ma?

「そんなに～/あんなに～」は "那么～" と表現します。

③ 要 走 两 个 小时 吗? 那么 远 啊!
Yào zǒu liǎng ge xiǎoshí ma?　Nàme yuǎn a!

即練 次の日本語の意味になるよう、語句を正しい順に並べ替えましょう。

(1) あなたの部屋はどうしてこんなに散らかっているの？　（乱：ちらかっている）
(你的房间 / 乱 / 这么 / 怎么)
nǐ de fángjiān luàn zhème zěnme

(2) 私はあなたほどそんなに楽観的ではない。
(我 / 你 / 乐观 / 那么 / 没有)
wǒ　nǐ　lèguān　nàme　méiyou

DL 024
CD1-24

Point 2 "～多了" 「ずっと～」　中国的卡拉 OK 房间比这个大多了。

"～多了" は比較表現に使われ、差が甚だしいことを表します。

① 我 比 他 大 多了。
Wǒ bǐ tā dà duōle.

② 现在 比 以前 方便 多了。
Xiànzài bǐ yǐqián fāngbiàn duōle.

即練 次の日本語を中国語に訳しましょう。

(1) 彼女は私よりずっと年下だ。

(2) きょうはきのうよりずっと暖かい。　＊暖かい：暖和 nuǎnhuo

Point 3 “越～越…” 「～すればするほど…」　那人数越多越便宜吧。

① 这个 电视剧 越 看 越 有 意思。　（电视剧：テレビドラマ）
　Zhèige diànshìjù yuè kàn yuè yǒu yìsi.

② 那 件 事 我 越 想 越 生气。
　Nèi jiàn shì wǒ yuè xiǎng yuè shēngqì.

“越来越～”は「ますます～、どんどん～」という意味の慣用表現になっています。

③ 天气 越 来 越 暖和 了。
　Tiānqì yuè lái yuè nuǎnhuo le.

 即練　次の日本語を中国語に訳しましょう。

(1) 中国語は勉強すればするほど難しい。

....

(2) あなたの発音はますますよくなりました。　＊発音：发音 fāyīn

....

 李さんの 分かり合いポイント

　僕は日本のカラオケ料金システムを今でも不思議に思っています。人数で料金を計算するのですが、客が10人いるからといって別にマイクなどを10本使うわけではないし、むしろ人数が多い方が飲み物などの消費金額が増えるから、割引くらいしてほしいものです。

　中国では、カラオケは広さやグレードによって1部屋の料金が決まるので、人数とは関係ありません。飲み物などは店内に設置してあるコンビニのようなところで客が自由に購入するシステムが一般的です。

　このシステムの違いは支払う時の習慣によるものだと思います。日本人は割り勘に慣れているので、人数で計算するのは分かりやすいでしょう。一方、中国人は割り勘をする習慣があまりないので、友達と一緒にカラオケに行く時、誰かが部屋代を払って、誰かが飲み物を買うというふうにするのが一般的のようです。

1 🎧 DL 026 ⊚ CD1-26　　音声を書き取り、内容が正しければ〇、間違っていれば×をつけてください。

① ....　（　　　）

② ....　（　　　）

③ ....　（　　　）

2　下記の中から適切な単語を（　　）内に入れて、完成させた文を日本語に訳しましょう。

① 这么	② 多了	③ 按	④ 比较	⑤ 越来越
zhème	duōle	àn	bǐjiào	yuè lái yuè

(1) 日本菜（　　　　　）清淡。　　（清淡：あっさりしている）
Rìběncài（　　　　　）qīngdàn.

日本語訳：..

(2) 物价（　　　　　）高了。　　（物价：物価）
Wùjià（　　　　　）gāo le.

日本語訳：..

(3) 名字（　　　　　）字母顺序排列。　　（字母：アルファベット）
Míngzi（　　　　　）zìmǔ shùnxù páiliè.

日本語訳：..

(4) 雨下得（　　　　　）大，别出去了。
Yǔ xiàde（　　　　　）dà, bié chūqu le.

日本語訳：..

(5) 自己做饭比在外面吃便宜（　　　　　）。
Zìjǐ zuò fàn bǐ zài wàimiàn chī piányi（　　　　　）.

日本語訳：..

日中文化 Answer

DL 027
CD1-27

日本 的 卡拉 OK / 按 人数 收费，而 在 中国 / 是 按 房间 收费。
Rìběn de　kǎlā OK / àn rénshù shōufèi, ér　zài Zhōngguó / shì àn fángjiān shōufèi.

很 多　中国人 / 没有 分开 付账 的 习惯。
Hěn duō Zhōngguórén / méiyou fēnkāi fùzhàng de　xíguàn.

我 想 / 这 两 种 不同 的 收费 方式 / 可能 与 文化　背景 有关。
Wǒ xiǎng / zhè liǎng zhǒng bùtóng de shōufèi fāngshì / kěnéng yǔ　wénhuà bèijǐng yǒuguān.

語 句

DL 028
CD1-28

❶ 而 ér 一方、ところが　❷ 分开 fēnkāi 分ける　❸ 付账 fùzhàng 勘定を払う

❹ 种 zhǒng 種、種類　❺ 不同 bùtóng 異なる　❻ 可能 kěnéng ～かもしれない

❼ 与 yǔ ～と　❽ 文化 wénhuà 文化　❾ 背景 bèijǐng 背景　❿ 有关 yǒuguān ～と関係が
ある

音読のポイント

● "数 shù""付 fù""不 bù"の"u"は日本語の「ウ」の音ではありません。くちびるをすぼめて「オ」を言うイメージで発音すると自然に聞こえます。なお、"与 yǔ"は"ǔ"のつづりなので、単母音"u"の音にならないように注意しましょう。

● 自分の意見や主張を言うとき、「～と思います」という意味の"我想"や"我觉得 juéde""我认为 rènwéi"などがよく使われます。その後に一拍置いて読むようにしましょう。

音読練習

1 **u の発音に注意して発音してください。**

DL 029
CD1-29

① 父母 fùmǔ　父母　　　② 住宿 zhùsù　宿泊する

③ 母语 mǔyǔ　母語　　　④ 属于 shǔyú　属する

2 **"我想"などの読み方に注意して発音し、下線に日本語訳を書いてください。**

DL 030
CD1-30

① 我想应该没问题。Wǒ xiǎng yīnggāi méi wèntí.

日本語訳：...

② 我觉得中文的发音很好听。　(好听：(音声が) 耳に心地よい、美しい)
Wǒ juéde Zhōngwén de fāyīn hěn hǎotīng.

日本語訳：...

第4课 不就是个学长吗？怎么那么牛啊？

たかが先輩で、何でそんなに偉そうなの？

李さんと川井さんがキャンパスを歩いている時、川井さんの先輩に出くわし、少し話をしました。

刚才那个人是谁啊？

他是我们棒球队的学长。

你们说话的时候，你一直在点头哈腰。

体育社团嘛，没办法。

不就是个学长吗？怎么那么牛啊？

1年　2年　3年

因为社团里有上下等级关系。

中国的学校没有上下等级关系吗？

我觉得基本上没有。

新出語句 ⬇️ DL 031 🎧 CD1-31

1. 刚才 gāngcái さきほど
2. 棒球 bàngqiú 野球
3. 队 duì 隊、チーム
4. 学长 xuézhǎng 先輩
5. 〜的时候 ~de shíhou 〜の時
6. 一直 yìzhí ずっと
7. 点头哈腰 diǎntóu hāyāo ぺこぺこする
8. 社团 shètuán サークル
9. 嘛 ma（だって）〜もの、〜じゃないか
10. 办法 bànfǎ 方法
    ※ "没办法" で「仕方がない」の意味
11. 不就是〜吗？ bú jiù shì~ma?
    （たかが）〜じゃないか
12. 牛 niú 傲慢だ、尊大だ
13. 等级 děngjí 等級、ランク
14. 基本上 jīběnshang 基本的に

会話

李： 刚才 那个 人 是 谁 啊？
Gāngcái nèige rén shì shéi a?

川井： 他 是 我们 棒球 队 的 学长。
Tā shì wǒmen bàngqiú duì de xuézhǎng.

李： 你们 说话 的 时候，你 一直 在 点头 哈腰。
Nǐmen shuōhuà de shíhou, nǐ yìzhí zài diǎntóu hāyāo.

川井： 体育 社团 嘛，没 办法。
Tǐyù shètuán ma, méi bànfǎ.

李： 不 就 是 个 学长 吗？ 怎么 那么 牛 啊？
Bú jiù shì ge xuézhǎng ma? Zěnme nàme niú a?

川井： 因为 社团 里 有 上下 等级 关系。
Yīnwei shètuán li yǒu shàngxià děngjí guānxi.

中国 的 学校 没有 上下 等级 关系 吗？
Zhōngguó de xuéxiào méiyou shàngxià děngjí guānxi ma?

李： 我 觉得 基本上 没有。
Wǒ juéde jīběnshang méiyou.

日中文化 Question

李さんは、中国の学校は基本的に上下関係がないと言っていますが、それはなぜだと思いますか。

Ⓐ 中国は社会主義国でみんな平等だから。

Ⓑ 一人っ子でマイペースの人が多いから。

Ⓒ 学校での先輩・後輩の意識がないから。

DL 033
CD1-33

Point 1 語気助詞 "嘛" 「(だって)〜もの、〜じゃないか」 体育社团嘛，没办法。

語気助詞 "嘛" は「当然である」語気を表します。

① 夫妻 嘛，免不了 吵架。　(免不了：避けられない　　吵架：喧嘩する)
　Fūqī　ma, miǎnbuliǎo chǎojià.

② 我 只是 开 玩笑 嘛，你 别 当真。　(开玩笑：冗談を言う　　当真：真に受ける、
　Wǒ zhǐshì kāi wánxiào ma,　nǐ bié dàngzhēn.　　　　　　　　　　　　むきになる)

即練　次の日本語の意味になるよう、語句を正しい順に並べ替えましょう。

(1) 子供だもの、みんな遊ぶのが好きなのさ。
　(玩儿 / 爱 / 都 / 孩子嘛，)
　　wánr　ài　dōu　háizi ma,　　　　　＿＿＿＿＿＿＿＿＿＿＿＿＿＿＿

(2) 僕たちは古い親友じゃないか、遠慮するな。　(客气：遠慮する)
　(我们 / 嘛 / 是 / 老朋友)，别客气。
　　wǒmen ma shì lǎopéngyou　bié kèqi　　＿＿＿＿＿＿＿＿＿＿＿＿＿＿＿

DL 034
CD1-34

Point 2 "不就是〜吗？" 「(たかが)〜じゃないか」　不就是个学长吗？

"不就是〜吗？" は反語文の形で、たいしたものではないと軽視の意を表します。

① 不 就 是 个 本子 吗？ 怎么 这么 贵？　(本子：ノート)
　Bú jiù shì ge běnzi ma? Zěnme zhème guì?

② 不 就 是 一 次 失败 吗？ 别 灰心！　(灰心：気を落とす)
　Bú jiù shì yí cì shībài ma?　Bié huīxīn!

即練　次の日本語を中国語に訳しましょう。

(1) たかが夫婦喧嘩じゃないか、気にするな。

　＿＿＿＿＿＿＿＿＿＿＿＿＿＿＿＿＿＿＿＿＿＿＿＿＿＿＿＿＿＿＿＿＿＿＿＿

(2) たかが子供の言ったことじゃないか、むきになるなよ。

　＿＿＿＿＿＿＿＿＿＿＿＿＿＿＿＿＿＿＿＿＿＿＿＿＿＿＿＿＿＿＿＿＿＿＿＿

Point 3 "基本上"「基本的に、おおむね、ほぼ」　我觉得基本上没有。

① 我 基本上 赞成 你的意见。
Wǒ jīběnshang zànchéng nǐ de yìjian.

② 基本上 每天 只 睡 五 个 小时。
Jīběnshang měitiān zhǐ shuì wǔ ge xiǎoshí.

 即練 次の日本語を中国語に訳しましょう。

(1) 問題はほぼ解決しました。　　＊解決する：解决 jiějué

_____

(2) 私はこの提案に基本的に賛成です。　　＊提案：提案 tí'àn

_____

李さんの分かり合いポイント

中国語にも "先辈 xiānbèi/ 后辈 hòubèi" という言葉はありますが、日本語の「先輩・後輩」の意味とだいぶ違います。中国語の "先辈" は、世代が上の人やすでになくなったり敬うべき先人のことで、"后辈" は下の世代のことを指します。そのため、学年の差くらいで "先辈 / 后辈" を呼ぶにはあまりにもおおげさでかなり違和感があります。
日本語の「先輩・後輩」に当たる言葉として、ちょっと古いものは "师兄、师弟" があります。

また、近年日本の映画・ドラマ・アニメ・漫画などの影響で、特に若い人の間では "学长、学姐、学弟、学妹" などの言い方が使われるようになりました。しかし、こういう言い方があっても最も一般的な言い方は "同学" だと思います。学年の差があっても「共に学ぶ」という関係にあり、上下関係の意識はあまりないということです。
日本は年功序列が大事な縦社会で、入学や入社の年によって上下関係がはっきりしますが、多くの中国人はこの差をあまり気にしません。それよりも、個人の能力がもっと重視されます。

1 音声を書き取り、内容が正しければ〇、間違っていれば×をつけてください。

DL 036
CD1-36

① .... (　　)

② .... (　　)

③ .... (　　)

2 下記の中から適切な単語を(　　)内に入れて、完成させた文を日本語に訳しましょう。

①一直	②刚才	③觉得	④基本上	⑤不就是
yìzhí	gāngcái	juéde	jīběnshang	bú jiù shì

(1) 你 (　　　　) 去哪儿了？

　　 Nǐ (　　　　) qù nǎr le?

　　 日本語訳：..

(2) 我 (　　　　) 她好像很喜欢你。　　(好像：～のようだ)

　　 Wǒ (　　　　) tā hǎoxiàng hěn xǐhuan nǐ.

　　 日本語訳：..

(3) 他们俩的关系 (　　　　) 不太好。

　　 Tāmen liǎ de guānxi (　　　　) bú tài hǎo.

　　 日本語訳：..

(4) 我最近 (　　　　) 在家里工作。

　　 Wǒ zuìjìn (　　　　) zài jiā li gōngzuò.

　　 日本語訳：..

(5) (　　　　) 输了一次吗？别灰心！　　(输：負ける)

　　 (　　　　) shūle yí cì ma? Bié huīxīn!

　　 日本語訳：..

日中文化 Answer

DL 037
CD1-37

日本 的 学校，尤其 是 体育 社团，上下 等级 关系 / 很 严格。
Rìběn de xuéxiào, yóuqí shì tǐyù shètuán, shàngxià děngjí guānxi / hěn yángé.

低 年级 学生 / 对 高 年级 学生 / 要 用 敬语，见面 时 / 要 打 招呼。
Dī niánjí xuésheng / duì gāo niánjí xuésheng / yào yòng jìngyǔ, jiànmiàn shí / yào dǎ zhāohu.

中国 的 学校 / 基本上 / 没有 这样 的 情况。
Zhōngguó de xuéxiào / jīběnshang / méiyou zhèyàng de qíngkuàng.

語句

DL 038
CD1-38

❶ 尤其 yóuqí 特に、とりわけ　❷ 严格 yángé 厳しい　❸ 低年级 dī niánjí 低学年

❹ 高年级 gāo niánjí 高学年　❺ 敬语 jìngyǔ 敬語　❻ 见面 jiànmiàn 会う、出くわす

❼ 打招呼 dǎ zhāohu 挨拶する　❽ 情况 qíngkuàng 状況、事情

音読のポイント

- "上下 shàngxià" や "学生 xuésheng" の子音 sh と x の違いに注意しましょう。sh はそり舌音で、舌をそり上げて発音します。x は日本語の「シ」と同じ要領で発音します

- "日本的学校"、"中国的学校"、"这样的情况" など、「修飾語 + "的" + 被修飾語」は、途中にポーズを入れずにつなげて読むようにしましょう。

音読練習

1 子音 sh と x の違いに注意して発音してください。

DL 039
CD1-39

① 实习 shíxí　実習する　　② 洗手 xǐshǒu　手を洗う

③ 数学 shùxué　数学　　④ 小时 xiǎoshí　〜時間

2 「修飾語 + "的" + 被修飾語」の読み方に注意して発音し、下線に日本語訳を書いてください。

DL 040
CD1-40

① 日本的水果有点儿贵。Rìběn de shuǐguǒ yǒudiǎnr guì.　（水果：果物）

日本語訳 : ....

② 台湾有很多好吃的水果。Táiwān yǒu hěn duō hǎochī de shuǐguǒ.

日本語訳 : ....

中国的学校有社团活动吗？

中国にも部活があるの？

川井さんは中国の部活に興味がわいて、李さんにいろいろ聞きました。

新出語句

⬇ DL 041
💿 CD1-41

1 对了 duìle そうだ、そういえば
2 社团活动 shètuán huódòng サークル活動、部活動
3 足球 zúqiú サッカー
4 篮球 lánqiú バスケットボール
5 羽毛球 yǔmáoqiú バドミントン
6 运动 yùndòng スポーツ、運動（する）
7 练习 liànxí 練習する
8 辛苦 xīnkǔ 大変、つらい
9 正式 zhèngshì 正式の、本格的な
10 更 gèng もっと、いっそう

会 話

DL 042
CD1-42

川井: 对了，中国 的 学校 有 社团 活动 吗？
Duìle, Zhōngguó de xuéxiào yǒu shètuán huódòng ma?

李: 有是有，但比日本少多了。
Yǒu shì yǒu, dàn bǐ Rìběn shǎo duōle.

川井: 都有什么社团呢？
Dōu yǒu shénme shètuán ne?

李: 足球、篮球、羽毛球 等 运动 社团 比较 多。
Zúqiú、 lánqiú、 yǔmáoqiú děng yùndòng shètuán bǐjiào duō.

川井: 日本 的 社团 活动 时间 很 长，练习 也 很 辛苦。
Rìběn de shètuán huódòng shíjiān hěn cháng, liànxí yě hěn xīnkǔ.

李: 中国 的 社团 没有 这么 正式，学校 也 不 太 重视。
Zhōngguó de shètuán méiyou zhème zhèngshì, xuéxiào yě bú tài zhòngshì.

川井: 中国 的 大学 更 重视 学习 吧？
Zhōngguó de dàxué gèng zhòngshì xuéxí ba?

李: 可能 是 吧。
Kěnéng shì ba.

日中文化 Question

中国の学校があまり部活に力を入れていない背景として考えられるのは次の内どれでしょうか。

- Ⓐ 多くの中国の学生は部活にあまり興味がない。
- Ⓑ 進学や就職の競争が激しいので勉強を最優先する。
- Ⓒ アルバイトする学生が多く、部活に時間を割くのが難しい。

ポイント

Point 1

"A 是 A，…"「A は A だが、(しかし)…」　有是有，但比日本少多了。

一部分に同意しつつ、反対や補足意見を述べる逆接表現です。

① 好 是 好，就是 太 贵 了。　(就是：ただ (〜だけ))
　　Hǎo shì hǎo, jiùshì tài guì le.

② 想 去 是 想 去，可是 没有 时间。
　　Xiǎng qù shì xiǎng qù, kěshì méiyou shíjiān.

 即練　次の日本語を中国語に訳しましょう。

(1) おいしいことはおいしいけど、辛すぎる。

　　..

(2) 大変は大変だけど、とても楽しい。　　＊楽しい：开心 kāixīn

　　..

Point 2

列挙を表す "都"　都有什么社团呢？

回答が複数あるものと想定して、それらを挙げてほしいと相手に求めて "都" を使うことがあります。

① 你 都 去过 日本 的 哪些 地方？
　　Nǐ dōu qùguo Rìběn de něixiē dìfang?

② 暑假 你 都 做 什么 了？　(暑假：夏休み)
　　Shǔjià nǐ dōu zuò shénme le?

即練　次の日本語を中国語に訳しましょう。

(1) いろいろ買ったよ。——何を買ったの？

　　我买了很多东西。——..

(2) あのことは誰と誰に教えた？　　＊教える：告诉 gàosu

　　..

Point 3 "可能"「～かもしれない」　　可能是吧。

動詞や動詞フレーズの前に用いて、「～かもしれない」と可能性があることを表します。

① 我　可能　感冒　了。　　（感冒：風邪を引く）
Wǒ　kěnéng　gǎnmào　le.

② 一　个　星期　可能　完成不了。
Yí　ge　xīngqī　kěnéng　wánchéngbuliǎo.

 即練　次の日本語を中国語に訳しましょう。

(1) 彼は忘れたかもしれない。

_____

(2) 彼女はあした来られないかもしれない。

_____

李さんの 分かり合いポイント

　大学の時、僕はサッカーとバドミントンをやっていました。それは部活ではなくただ単に興味が合う連中と遊んでいたと言うべきかもしれません。ギターも大好きで一生懸命練習していましたが、軽音部のようなものは存在せず、自分で楽しんでやっていただけでした。このような環境の中、結局何かに打ち込むこともなく、ただの遊びで終わってしまいました。

　日本は学校の部活に所属している生徒がそのままプロになることも多いようですが、中国では、プロになりたければ体育や音楽などの専門学校に行くことがほとんどで、一般的な学校では日本の部活のように本格的にやっているところは非常に少ないと思います。

　中国では進学や就職の競争が大変熾烈で、学校も親も学生も「成績第一」で、趣味などに使う時間があれば勉強に使ったほうが将来に役立つと考える人が多いです。しかし、趣味から学べることはたくさんあるし、趣味が自分の天職になることもあるかもしれません。学校教育は勉強だけでなく、学生の豊かな心と人間性を育成しなければいけないですね。

1 音声を書き取り、内容が正しければ〇、間違っていれば×をつけてください。

DL 046
CD1-46

① _____ (　　　)

② _____ (　　　)

③ _____ (　　　)

2 下記の中から適切な単語を（　　）内に入れて、完成させた文を日本語に訳しましょう。

① 比	② 没有	③ 比较	④ 可能	⑤ 都
bǐ	méiyou	bǐjiào	kěnéng	dōu

(1) 日本（　　　　）中国人口多。
Rìběn（　　　　）Zhōngguó rénkǒu duō.

日本語訳：_____

(2) 那个人（　　　　）是她的男朋友。
Nèi ge rén（　　　　）shì tā de nánpéngyou.

日本語訳：_____

(3) 最近工作（　　　　）忙。
Zuìjìn gōngzuò（　　　　）máng.

日本語訳：_____

(4) 中国（　　　　）有哪些世界遗产？
Zhōngguó（　　　　）yǒu něixiē shìjiè yíchǎn?

日本語訳：_____

(5) 牛肉（　　　　）鸡肉贵多了。
Niúròu（　　　　）jīròu guì duōle.

日本語訳：_____

日中文化 Answer

DL 047 / CD1-47

日本 的 学校 / 相当　重视　社团　活动。社团　活动 / 很 丰富，
Rìběn de xuéxiào / xiāngdāng zhòngshì shètuán huódòng. Shètuán huódòng / hěn fēngfù,

参加 的 学生 / 也 很 多。通过　社团　活动，　学生们　/ 可以
cānjiā de xuésheng / yě hěn duō. Tōngguò shètuán huódòng, xuéshengmen / kěyǐ

学到　很 多　东西，也 能 达到 / 比较 高 的 水平。
xuédào hěn duō dōngxi, yě néng dádào / bǐjiào gāo de shuǐpíng.

語 句

DL 048 / CD1-48

❶ 相当 xiāngdāng かなり、相当　❷ 丰富 fēngfù 豊かだ、豊富だ

❸ 通过 tōngguò ～を通じて、～によって　❹ 学到 xuédào 身につける

❺ 达到 dádào 達する、到達する　❻ 水平 shuǐpíng レベル

音読のポイント

● "丰 fēng 富""学生 sheng"の eng と、"重 zhòng 视""活动 dòng"の ong の違いに注意しましょう。eng は口を半開きにして発音、ong は口を丸めて発音しましょう。

● "日本的学校 / 相当重视社团活动""社团活动 / 很丰富"のように、主語の後に短い間を置くと聞きやすくなります。（ただし主語が"我""你"など短いものはつなげて読みましょう）

音読練習

1 鼻母音 eng と ong の違いに注意して発音してください。

DL 049 / CD1-49

① 灯笼 dēnglong　ちょうちん　　② 疼痛 téngtòng　痛み

③ 红灯 hóngdēng　赤信号　　④ 重症 zhòngzhèng　重症

2 「主語 / 述語」の切れ目に注意して発音し、下線に日本語訳を書いてください。

DL 050 / CD1-50

① 我最喜欢的季节是秋天。Wǒ zuì xǐhuan de jìjié shì qiūtiān.

日本語訳：_____

② 章鱼丸子是日本有名的小吃。　（小吃：軽食、屋台料理）
Zhāngyú wánzi shì Rìběn yǒumíng de xiǎochī.

日本語訳：_____

手提包也帮你拿。

ハンドバッグも持ってあげる。

李さんはキャンパスでスーツケースを引っ張って歩いている西村さんに会いました。

新出語句 📥 DL 051　💿 CD1-51

❶ 带 dài 持つ、携帯する
❷ 旅行箱 lǚxíngxiāng スーツケース
❸ 帮 bāng 手伝う、助ける
❹ 拿 ná 持つ、手に取る
❺ 不用 búyòng
　〜する必要はない、〜するに及ばない
❻ 箱子 xiāngzi 箱、スーツケース
❼ 拉 lā 引っ張る
❽ 麻烦 máfan 面倒をかける
❾ 应该 yīnggāi 〜するべきだ
❿ 手提包 shǒutíbāo ハンドバッグ
⓫ 就 jiù 〜ならば…だ

李： 你 怎么 带着 旅行箱 啊？ 要 去 旅游 吗？
Nǐ zěnme dàizhe lǚxíngxiāng a? Yào qù lǚyóu ma?

西村： 不是， 因为 今天 带 的 东西 比较 多。
Bú shì, yīnwei jīntiān dài de dōngxi bǐjiào duō.

李： 我 来 帮 你 拿 吧。
Wǒ lái bāng nǐ ná ba.

西村： 不用， 箱子 不 重， 我 拉着 就 行 了。
Búyòng, xiāngzi bú zhòng, wǒ lāzhe jiù xíng le.

李： 客气 什么 呀？ 我 来 拿， 我 来 拿。
Kèqi shénme ya? Wǒ lái ná, wǒ lái ná.

西村： 哦……， 那 不 好意思， 麻烦 你 了。
Ò......, nà bù hǎoyìsi, máfan nǐ le.

李： 这 是 应该 的 嘛！ 手提包 也 给 我 吧， 一起 帮 你 拿。
Zhè shì yīnggāi de ma! Shǒutíbāo yě gěi wǒ ba, yìqǐ bāng nǐ ná.

西村： 欸？ 手提包 就 不用 了， 我 自己 拿。
Éi? Shǒutíbāo jiù búyòng le, wǒ zìjǐ ná.

日中文化 Question

李さんはどうして西村さんのハンドバッグまで持ってあげようとしたのでしょうか。

A 李さんは特に紳士的で優しい男だから。

B 中国では男性が女性の荷物を持ってあげるのは当然のことだから。

C 中国では荷物を持ってあげるのは相手のことが好きだというアピールになるから。

DL 053
CD1-53

Point 1　積極的な姿勢を表す"来"　　我来帮你拿吧。

動詞の前に用いて、その動作・行為を積極的に行おうとすることを表します。

① 我 来 自我 介绍 一下。
　Wǒ lái zìwǒ jièshào yíxià.

② 我 也 来 唱 一 首 吧。　　（首：歌などを数える量詞）
　Wǒ yě lái chàng yì shǒu ba.

即練 次の日本語を中国語に訳しましょう。

(1) 私がちょっと試してみましょう。　　＊試す：试 shì

....

(2) あなたは休んでいてください、私がお皿を洗いますよ。　　＊休む：休息 xiūxi　　お皿：盘子 pánzi

....

DL 054
CD1-54

Point 2　"～就行（了）"「～すればそれでよい」　　箱子不重，我拉着就行了。

「～さえすれば…」という意味の接続詞"只要"とセットで使われることもよくあります。

① 只要 用 微波炉 热 一下 就 行。　　（微波炉：電子レンジ　　热：温める）
　Zhǐyào yòng wēibōlú rè yíxià jiù xíng.

② 不用 亲自 去，打 个 电话 就 行 了。　　（亲自：自ら、自分で）
　Búyòng qīnzì qù, dǎ ge diànhuà jiù xíng le.

即練 次の日本語を中国語に訳しましょう。

(1) ベストを尽くせばそれでいい。　　＊ベストを尽くす：尽力 jìnlì

....

(2) 彼女が幸せであればそれでいい。　　＊幸せだ：幸福 xìngfú

....

Point 3 疑問詞 "什么" を用いる反語文　客气什么呀？

"什么" は反語文に用いて、「何が〜だ：〜だなんて」など、反発や同意しないことを表します。

① 你 懂 什么 呀？
　　Nǐ dǒng shénme ya?

② 好笑 什么 呀？ 一点儿 也 不 好笑。　（好笑：おかしい、笑える）
　　Hǎoxiào shénme ya?　　Yìdiǎnr yě bù hǎoxiào.

 即練 次の日本語を中国語に訳しましょう。

(1) まだ時間があるよ。何焦っているの？　　＊焦る：急 jí

――――――――――――――――――――――――――――――――

(2) 何が安いんだ、ちっとも安くなんかないよ。

――――――――――――――――――――――――――――――――

 李さん の 分かり合いポイント

　中国では、特にカップルの場合、男性が女性の荷物を持ってあげるのは当たり前のことです。ショッピングの時なんか、男性が手提げ袋などを全部持つのはもちろん、女性のハンドバッグまで持っていて、女性は手ぶらで思う存分買い物を楽しむ光景がよく見られます。「ハンドバッグまで？」と思うかもしれませんが、これは中国人男性の1種の愛情表現でもあるのです。恋愛関係になると、とことん尽くす男性ととことん甘える女性、これは中国人カップルの特徴の一つと言えるかもしれません。

　カップルだけではなく、女性と一緒に歩く時、男性が荷物を持ってあげたり、車道側を歩いたりするのもごく一般的のようです。また、電車などに乗る時、席が一つしかない場合はよっぽどの事情がなければ必ず女性に座らせます。

　これについて日本人女性はどう思うでしょうか。そんなに優しくしてくれたら嬉しいなあと思う人もいるだろうけど、そこまでしてもらうとかえって居心地悪く、違和感があると思う人も少なくないのではないでしょうか。

1 音声を書き取り、内容が正しければ〇、間違っていれば×をつけてください。

① _____ (　　)

② _____ (　　)

③ _____ (　　)

2 下記の中から適切な単語を（　　）内に入れて、完成させた文を日本語に訳しましょう。

① 因为　　② 不用　　③ 着　　④ 来　　⑤ 应该
　yīnwei　　　búyòng　　　zhe　　　lái　　　yīnggāi

(1) 人们都戴（　　　　　）口罩。　　(口罩：マスク)
　　Rénmen dōu dài (　　　　　　) kǒuzhào.

　　日本語訳：_____

(2) 你坐着吧，我（　　　　　）收拾。　　(收拾：片付ける)
　　Nǐ zuòzhe ba, wǒ (　　　　　) shōushi.

　　日本語訳：_____

(3) 你（　　　　　）去医院看看。
　　Nǐ (　　　　　) qù yīyuàn kànkan.

　　日本語訳：_____

(4) 我只是感冒了，（　　　　　）去医院。
　　Wǒ zhǐshì gǎnmào le, (　　　　　) qù yīyuàn.

　　日本語訳：_____

(5) （　　　　　）发生事故，电车晚点了。　　(晚点：定刻より遅れる)
　　(　　　　　) fāshēng shìgù, diànchē wǎndiǎn le.

　　日本語訳：_____

日中文化 Answer

DL 057
CD1-57

关于 "女士 优先"，日本人 的 看法 / 跟 中国人 不 太 一样。
Guānyú "nǚshì yōuxiān", Rìběnrén de kànfǎ / gēn Zhōngguórén bú tài yíyàng.

在 中国，购物 时 / 男性 常常 帮 女性 拿包，
Zài Zhōngguó, gòuwù shí / nánxìng chángcháng bāng nǚxìng ná bāo,

但 很 多 日本 女性 觉得 / 这 有些 过于 体贴，反而 觉得 不 自在。
dàn hěn duō Rìběn nǚxìng juéde / zhè yǒuxiē guòyú tǐtiē, fǎn'ér juéde bú zìzai.

語句

DL 058
CD1-58

❶ 关于 guānyú ～について、～に関して ❷ 女士优先 nǚshì yōuxiān レディーファースト
❸ 看法 kànfǎ 見方、見解、考え方 ❹ 跟 gēn ～と ❺ 购物 gòuwù ショッピングをする、買い物をする ❻ 常常 chángcháng いつも、しょっちゅう ❼ 有些 yǒuxiē 少し、やや
❽ 过于 guòyú あまりにも～すぎる ❾ 体贴 tǐtiē 思いやる、気遣う ❿ 反而 fǎn'ér かえって、逆に ⓫ 自在 zìzai 気楽だ、落ち着いた気持ちだ

音読のポイント

● "国 guó 家"の uo と"购 gòu 物"の ou の違いに注意しましょう。それぞれ口の開き具合の変化を意識して発音しましょう。

● "购物时 / ～"のように、「～の時」の意味を表すフレーズの後ろに短い間を置くことが多いです。

音読練習

1 複母音 uo と ou の違いに注意して発音してください。

DL 059
CD1-59

① 后果 hòuguǒ 結果　　② 搜索 sōusuǒ 捜索する

③ 左手 zuǒshǒu 左手　　④ 锁头 suǒtou 錠前

2 「～の時」の意味を表すフレーズに注意して発音し、下線に日本語訳を書いてください。

DL 060
CD1-60

① 考试时不能说话。Kǎoshì shí bù néng shuōhuà.

日本語訳：

② 小时候我不喜欢吃青椒。Xiǎoshíhou wǒ bù xǐhuan chī qīngjiāo.

日本語訳：

就像奥运会一样。

まるでオリンピックのようだね。

李さんと川井さんはある小学校を通りかかりました。その小学校では運動会をやっています。李さんは興味津々で外からしばらく見ていました。

新出語句　DL 061　CD2-01

1. 运动会 yùndònghuì 運動会
2. 热闹 rènao にぎやかだ
3. 家长 jiāzhǎng 保護者
4. 加油 jiāyóu 頑張る、応援する
5. 会场 huìchǎng 会場
6. 摄像机 shèxiàngjī ビデオカメラ
7. 像~一样 xiàng~yíyàng
   まるで~のようだ
8. 奥运会 Àoyùnhuì オリンピック
9. 记录 jìlù 記録する
10. 比赛 bǐsài 競技、試合
11. 成长 chéngzhǎng 成長する
12. 看起来 kànqǐlai ~のように見える
13. 游戏 yóuxì ゲーム
14. 个人 gèrén 個人
15. 机会 jīhuì 機会、チャンス
16. ~的话 ~dehuà ~ならば

会話

李： 日本 的 小学 运动会 真 热闹 啊！
Rìběn de xiǎoxué yùndònghuì zhēn rènao a!

川井： 是 啊，很 多 家长 都 来 给 孩子们 加油。
Shì a, hěn duō jiāzhǎng dōu lái gěi háizimen jiāyóu.

李： 会场 里 照相机 和 摄像机 这么 多，就 像 奥运会 一样。
Huìchǎng li zhàoxiàngjī hé shèxiàngjī zhème duō, jiù xiàng Àoyùnhuì yíyàng.

川井： 运动会 是 记录 孩子 成长 的 重要 活动 嘛。
Yùndònghuì shì jìlù háizi chéngzhǎng de zhòngyào huódòng ma.

李： 不过，比赛 看起来 好像 在 做 游戏 一样。
Búguò, bǐsài kànqǐlai hǎoxiàng zài zuò yóuxì yíyàng.

川井： 是 啊，团体 比赛 比较 多。中国 不 一样 吗？
Shì a, tuántǐ bǐsài bǐjiào duō. Zhōngguó bù yíyàng ma?

李： 中国 的 学校 运动会 个人 项目 更 多、更 正式。
Zhōngguó de xuéxiào yùndònghuì gèrén xiàngmù gèng duō、gèng zhèngshì.

川井： 是 吗？有 机会 的 话，我 想 去 看看。
Shì ma? Yǒu jīhuì dehuà, wǒ xiǎng qù kànkan.

日中文化 Question

日本に比べて、中国の学校の運動会は個人競技が多く、より本格的だということですが、その文化背景として最も当てはまるのはどれでしょうか。

A 中国はスポーツ大国を目指している。
B メンツが大事なので、運動会も派手に開催。
C 中国人はチームプレーより個人プレーを重視しがちだ。

ポイント

Point 1 "像〜一样"「まるで〜のようだ、〜みたい」　就像奥运会一样。

比喩表現で、しばしば"好像〜一样""就像〜一样"の形で用いられます。

① 这 一切 好像 在 做梦 一样。　　(一切：すべて　　做梦：夢を見る)
Zhè yíqiè hǎoxiàng zài zuòmèng yíyàng.

② 你的 房间 太 乱 了，就 像 垃圾堆 一样。　　(垃圾堆：ゴミの山)
Nǐ de fángjiān tài luàn le, jiù xiàng lājīduī yíyàng.

即練 次の日本語の意味になるよう、語句を正しい順に並べ替えましょう。

(1) この本はとても分厚くて、まるで辞書みたい。
这 本 书 很 厚，(一样 / 好像 / 词典)。
Zhèi běn shū hěn hòu, yíyàng hǎoxiàng cídiǎn .

(2) 彼は本当に歌うのがうまいね、まるで歌手のようだ。
他 唱得 真 好，(歌手 / 像 / 一样 / 就)。
Tā chàngde zhēn hǎo, gēshǒu xiàng yíyàng jiù .

Point 2 "動詞＋起来"「〜してみる（と）」　　比赛看起来好像在做游戏一样。

"起来"を動詞の後につけて、「〜してみる（と）」と試行を表すことができます。"看起来"で「見た目からすると、〜のように見える」の意味を表します。

① 她 看起来 不 太 高兴。
Tā kànqǐlai bú tài gāoxìng.

② 说起来 容易， 做起来 难。
Shuōqǐlai róngyì, zuòqǐlai nán.

即練 次の日本語を中国語に訳しましょう。

(1) 彼はまだ若そうだ。　　＊若い：年轻 niánqīng

(2) この料理は辛そうだけど、食べてみるとあまり辛くない。

Point 3 "～的话"「～ならば」 有机会的话，我想去看看。

"～的话" は「～ならば、～だったら」という意味で、仮定を表します。しばしば「もしも」という意味の接続詞 "要是 yàoshi" や "如果 rúguǒ" とセットで用いられます。

① 有 钱 的话，我 一定 买。 （一定：きっと、絶対に）
Yǒu qián dehuà, wǒ yídìng mǎi.

② 要是 下 雨 的话，运动会 延期 举行。 （举行：開催する、行う）
Yàoshi xià yǔ dehuà, yùndònghuì yánqī jǔxíng.

 即練 次の日本語を中国語に訳しましょう。

(1) 時間があったら必ず行く。

....

(2) もし安かったら2つ買う。

....

李さんの分かり合いポイント

　僕にとって、日本の学校の運動会は驚きの連続です。熾烈な場所取り合戦、オリンピックに負けない数多くのカメラマン、紅組・白組のチーム分け…そして一番驚いたのはやはり競技内容です。徒競走やリレー以外、玉入れや騎馬戦などゲーム型の種目が多く、二人三脚などの親子参加型の種目もあるので、運動会というよりもお祭りという印象がありました。

　中国の学校の運動会はかなり本格的で、ゲーム型の競技は綱引きや縄跳びくらいで、短・中・長距離競走、高跳び、幅跳び、槍投げなど陸上の個人種目がメインです。団体種目以外は、全員参加ではなくスポーツが得意な子が活躍します。また、運動会は平日に行われるのが一般的で、親が参加することは少ないようです。

　日本と中国の運動会の違いはほかにもたくさんありますが、総じて言えば、日本はチームプレー、中国は個人プレーがそれぞれ重視されるということです。この点は職場にも現れていると思います。みんなで協力して業務を進める日本の会社に比べて、中国の会社では個人主義・能力主義な仕事観を持っている人が多いかもしれません。

🎧 DL 066
💿 CD2-06

1 音声を書き取り、内容が正しければ〇、間違っていれば×をつけてください。

① _____ （　　）

② _____ （　　）

③ _____ （　　）

2 下記の中から適切な単語を（　　）内に入れて、完成させた文を日本語に訳しましょう。

①更	②一样	③起来	④加油	⑤机会
gèng	yíyàng	qǐlai	jiāyóu	jīhui

(1) 我一定去给你（　　　　）。

Wǒ yídìng qù gěi nǐ (　　　　　).

日本語訳：_____

(2) 这是一个很好的（　　　　）。

Zhè shì yí ge hěn hǎo de (　　　　　).

日本語訳：_____

(3) 他看（　　　　）身体不太好。

Tā kàn (　　　　　) shēntǐ bú tài hǎo.

日本語訳：_____

(4) 这个月比上个月（　　　　）忙了。

Zhèige yuè bǐ shàng ge yuè (　　　　　) máng le.

日本語訳：_____

(5) 她妈妈很漂亮，像演员（　　　　）。　（演员：俳優）

Tā māma hěn piàoliang, xiàng yǎnyuán (　　　　　).

日本語訳：_____

日中文化 Answer

DL 067
CD2-07

日本 的 学校　运动会 / 很 热闹，很 多　家长 / 都 来 参加。
Rìběn de xuéxiào yùndònghuì / hěn rènao, hěn duō jiāzhǎng / dōu lái cānjiā.

与　中国　的　运动会　相比，日本 的 运动会 / 团体 比赛 / 比较 多，
Yǔ Zhōngguó de yùndònghuì xiāngbǐ, Rìběn de yùndònghuì / tuántǐ bǐsài / bǐjiào duō,

全校　　学生 / 分成 几 组 / 进行 比赛。
quánxiào xuésheng / fēnchéng jǐ zǔ / jìnxíng bǐsài.

語句

DL 068
CD2-08

❶ 相比 xiāngbǐ 比べる、比較する　❷ 分成 fēnchéng 〜に分ける　❸ 组 zǔ グループ
❹ 进行 jìnxíng 行う、進行する

音読のポイント

● "家长 jiāzhǎng" の子音 j と zh はそれぞれ舌面音とそり舌音です。舌の形の違いを意識して練習しましょう。

● 「〜と比べて」という意味の "与〜相比" の部分は、一つのかたまりとしてつなげて読むようにしましょう。

音読練習

1 子音 j と zh の違いに注意して発音してください。

DL 069
CD2-09

① 紧张 jǐnzhāng　緊張する　　　② 指教 zhǐjiào　指導する

③ 集中 jízhōng　集中する　　　④ 着急 zháojí　焦る、急ぐ

⑤ [早口言葉] 对重症者进行紧急救治。重症者に対して緊急治療を施す。
　　　　　Duì zhòngzhèngzhě jìnxíng jǐnjí jiùzhì.

2 "与〜相比" のフレーズに注意して発音し、下線に日本語訳を書いてください。

DL 070
CD2-10

① 与咖啡相比，我更喜欢喝茶。Yǔ kāfēi xiāngbǐ, wǒ gèng xǐhuan hē chá.

日本語訳：

② 与以前相比，你的发音好多了。Yǔ yǐqián xiāngbǐ, nǐ de fāyīn hǎo duōle.

日本語訳：

情人节快乐！

ハッピーバレンタイン！

今日はバレンタインデーです。李さんと川井さんが大学食堂で昼ごはんを食べている時、西村さん
がやってきました。

🎧 DL 071

新出語句

💿 CD2-11

❶ 情人节 Qíngrénjié バレンタインデー

❷ 快乐 kuàilè 楽しい、愉快だ
   ※ "情人节快乐" で「ハッピーバレンタイ
   ン」の意味

❸ 巧克力 qiǎokèlì チョコレート

❹ 一定 yídìng きっと、絶対に

❺ 原来 yuánlái （なんだ）〜だったのか

❻ 到底 dàodǐ いったい、結局のところ

❼ 发呆 fādāi ぼーっとする

❽ 没事 méishì 何でもない、大丈夫だ

❾ 得 děi 〜しなければならない

❿ 别人 biéren 他の人

⓫ 拜拜 báibái バイバイ、さようなら

西村： 情人节 快乐！这是我做的巧克力。
Qíngrénjié kuàilè! Zhè shì wǒ zuò de qiǎokèlì.

川井： 哦！谢谢，一定很好吃。
Ò! Xièxie, yídìng hěn hǎochī.

李： （[心の声：] 原来西村喜欢川井啊……）
（Yuánlái Xīcūn xǐhuan Chuānjǐng a……）

西村： 小李，这是给你的。
Xiǎo Lǐ, zhè shì gěi nǐ de.

李： 欸？还有我的？（[心の声：] 她到底喜欢谁呀？）
Éi? Hái yǒu wǒ de? （Tā dàodǐ xǐhuan shéi ya?）

西村： 小李，你怎么了？发什么呆呢？
Xiǎo Lǐ, nǐ zěnme le? Fā shénme dāi ne?

李： 啊，没事，没事。谢谢你的巧克力。
Ā, méishì, méishì. Xièxie nǐ de qiǎokèlì.

西村： 我还得去给别人送巧克力呢，拜拜！
Wǒ hái děi qù gěi biéren sòng qiǎokèlì ne, báibái!

李： 拜拜……
Báibái……

日中文化 Question

バレンタインデーに西村さんからチョコレートをもらった李さんはどうして動揺したのでしょうか。

Ⓐ 中国には友達にも贈る義理チョコの習慣がないから。

Ⓑ 中国では女性から男性へプレゼントすることはめったにないから。

Ⓒ 中国ではバレンタインデーにチョコレートを贈ってはいけないから。

DL 073

CD2-13

Point 1 "原来"「(なんだ / なんと) 〜だったのか」　原来西村喜欢川井啊……

それまでは気がつかなかったことに気がついたことを表します。文末にしばしば呼応の"啊"が用いられます。

① 原来 是 这样 啊。
Yuánlái shì zhèyàng a.

② 原来 你们 早就 认识 啊。　（早就：とっくに）
Yuánlái nǐmen zǎojiù rènshi a.

即練 次の日本語を中国語に訳しましょう。

(1) なんだ、きみはとっくに知っていたんだ。

_____

(2) なんだ、彼女にはカレシがいたのか。

_____

DL 074

CD2-14

Point 2 "到底"「いったい、結局のところ」　她到底喜欢谁呀？

"到底"は疑問文に用いて、「いったい、結局のところ」と疑問の語気を強調します。

① 到底 出了 什么 事？　（出事：トラブルや事故が起きる）
Dàodǐ chūle shénme shì?

② 你 到底 同意 不 同意？
Nǐ dàodǐ tóngyì bu tóngyì?

即練 次の日本語を中国語に訳しましょう。

(1) あなたはいったい行くの？行かないの？

_____

(2) あなたはいったい何が言いたいの？

_____

Point 3 　**離合詞**　发什么呆呢？

"发呆"は「ぼーっとする」という意味の1語ですが、"发什么呆"のように間に他の語句を入れることができます。このような動詞を離合詞と呼びます。

① 那些 人 在 排 什么 队 呢？　　(排队：列に並ぶ)
　 Nèixiē rén zài pái shénme duì ne?

② 我们 以前 见过 一 次 面。
　 Wǒmen yǐqián jiànguo yí cì miàn.

 即練　次の日本語を中国語に訳しましょう。

(1) あなたは何に怒っているの？　　＊怒る：生气 shēngqì

....

(2) 私はコンビニでアルバイトをしたことがある。　　＊コンビニ：便利店 biànlìdiàn

....

 李さん分かり合いポイント

　日本では、バレンタインデーに女性が男性にチョコレートを贈るのが普通ですが、恋愛関係でなくても、同性の友達にも贈るのが一般的なことになっていますね。バレンタインデーはもはやただのお菓子交換デーになっているように思います。

　中国では、バレンタインデーに男性が女性に"玫瑰花 méiguihuā（バラの花）"を贈るのが定番です。チョコレートを贈ることもありますが、ほかに服やアクセサリーなどをプレゼントすることもよくあります。また、「映画館デート＋ロマンチックなディナー」というのもバレンタインデーの定番デートコースです。とにかく、バレンタインデーは恋人同士の日であって、自分の恋人以外の人にプレゼントなどをしたら浮気になってしまいます。

　ちなみに、2月14日のバレンタインデー以外、中国の伝統的な"七夕 qīxī 情人节"（旧暦7月7日）もあります。こちらもやはり男性が女性にプレゼントしたりする日で、中国の男性はちょっと大変ですね。

DL 076
CD2-16

1 音声を書き取り、内容が正しければ〇、間違っていれば×をつけてください。

① .... (　　　)

② .... (　　　)

③ .... (　　　)

2 下記の中から適切な単語を (　　) 内に入れて、完成させた文を日本語に訳しましょう。

① 还	② 给	③ 一定	④ 到底	⑤ 原来
hái	gěi	yídìng	dàodǐ	yuánlái

(1) 这个菜 (　　　　　) 很辣吧。

Zhèige cài (　　　　　　) hěn là ba.

日本語訳：..

(2) (　　　　　) 你不知道这件事啊。

(　　　　　　) nǐ bù zhīdào zhèi jiàn shì a.

日本語訳：..

(3) 你昨晚 (　　　　　) 去哪儿了？

Nǐ zuówǎn (　　　　　　) qù nǎr le?

日本語訳：..

(4) 我明天再 (　　　　　) 你打电话。

Wǒ míngtiān zài (　　　　　　) nǐ dǎ diànhuà.

日本語訳：..

(5) 我今天得洗衣服，(　　　　　) 得收拾房间。

Wǒ jīntiān děi xǐ yīfu, (　　　　　　) děi shōushi fángjiān.

日本語訳：..

日中文化 Answer

DL 077 CD2-17

日本 的 情人节 / 一般 是 / 女性 送 男性 巧克力,
Rìběn de Qíngrénjié / yìbān shì / nǚxìng sòng nánxìng qiǎokèlì,

不光 自己 的 男朋友, 还 送给 / 别 的 男性 / 和 女性 朋友。
bùguāng zìjǐ de nánpéngyou, hái sònggěi / bié de nánxìng / hé nǚxìng péngyou.

除了 2 月 14 号 的 情人节 以外, 还 有 用来 回礼 的 / "白色 情人节"。
Chúle èr yuè shísì hào de Qíngrénjié yǐwài, hái yǒu yònglái huílǐ de / "Báisè Qíngrénjié".

語 句

DL 078 CD2-18

❶ 不光 bùguāng 〜だけではなく　❷ 送给 sònggěi 〜に送る

❸ 除了〜以外 chúle~yǐwài 〜を除いて…　❹ 用来 yònglái 〜に用いる

❺ 回礼 huílǐ お返しの贈り物をする　❻ 白色情人节 Báisè Qíngrénjié ホワイトデー

音読のポイント

● "是 shì" "自 zì" "几 jǐ" の母音部分はいずれも i と綴っていますが、それぞれ違う音です。混同しないように注意しましょう。

● "除了〜以外" の部分は、句読点が入っていなければ、少し長くても一つのかたまりとしてつなげて読むようにしましょう。

音読練習

1 母音 i の発音の違いに注意して発音してください。

DL 079 CD2-19

① 历史 lìshǐ　歴史

② 日记 rìjì　日記

③ 司机 sījī　運転手

④ 气质 qìzhì　気質

⑤ [早口言葉] 四十七个西红柿 sìshíqī ge xīhóngshì　47 個のトマト

2 "除了〜以外" のフレーズに注意して発音し、下線に日本語訳を書いてください。

DL 080 CD2-20

① 除了上海以外，我还去过香港。Chúle Shànghǎi yǐwài, wǒ hái qùguo Xiānggǎng.

日本語訳：

② 除了吉他以外，他还会弹贝司。Chúle jítā yǐwài, tā hái huì tán bèisī. （贝司：ベース）

日本語訳：

高中谈恋爱的人很多啊。

高校から恋愛する人は多いよ。

川井さんはきょうなぜか元気がないようです。

新出語句　　📥 DL 081　　◎ CD2-21

1. 没精打采 méi jīng dǎ cǎi
   しょんぼりしている、元気がない
2. 唉 ài ああ、やれやれ
3. 甩 shuǎi 振る
4. 找到 zhǎodào 見つける
5. 女孩儿 nǚháir 女の子、女性
6. 从 cóng ～から
7. 高二 gāo'èr 高校2年
8. 交往 jiāowǎng つき合う
9. 谈恋爱 tán liàn'ài 恋愛する
10. 开放 kāifàng
    開放的だ、オープンだ
11. 别说～了 biéshuō~le ～どころか
12. 初中 chūzhōng 中学

DL 082

CD2-22

第9课

李： 你 怎么 了？ 看起来 没精打采 的。
Nǐ zěnme le? Kànqǐlai méi jīng dǎ cǎi de.

川井： 唉， 我 被 女朋友 甩 了。
Ài, wǒ bèi nǚpéngyou shuǎi le.

李： 别 在意。 以后 一定 会 找到 更 好 的 女孩儿 的。
Bié zàiyì. Yǐhòu yídìng huì zhǎodào gèng hǎo de nǚháir de.

川井： 怎么 能 不 在意 呢？ 我们 从 高二 就 开始 交往 了。
Zěnme néng bú zàiyì ne? Wǒmen cóng gāo'èr jiù kāishǐ jiāowǎng le.

李： 啊？ 高二？ 那么 早？
Á? Gāo'èr? Nàme zǎo?

川井： 早 吗？ 高中 谈 恋爱 的 人 很 多 啊。
Zǎo ma? Gāozhōng tán liàn'ài de rén hěn duō a.

李： 真 的 吗？ 日本 这么 开放 啊。
Zhēn de ma? Rìběn zhème kāifàng a.

川井： 别说 高中 了， 初中 也 有 人 谈 恋爱 啊。
Biéshuō gāozhōng le, chūzhōng yě yǒu rén tán liàn'ài a.

日中文化 Question

李さんはどうして川井さんが高校から恋愛を始めたことに驚いているでしょうか。

A 中国の高校は恋愛禁止となっているから。

B 中国では高校から恋愛するのは恥ずかしいことだから。

C 中国の高校は勉強が大変すぎて恋愛する人がほとんどいないから。

ポイント

CD2-23

Point 1 　"会～（的）"「～だろう、～のはずだ」　以后一定会找到更好的女孩儿的。

助動詞 "会" は英語の will のように、「～だろう、～のはずだ」とこれから起きる可能性があることを表せます。この用法においては文末にしばしば "的" を伴います。

① 我 会 尽力 的。
Wǒ huì jìnlì de.

② 别 着急，他 一定 会 来 的。
Bié zháojí, tā yídìng huì lái de.

即練 次の日本語を中国語に訳しましょう。

（1） 彼は後悔するだろう。

（2） 彼女はきっと喜ぶだろう。

DL 084

CD2-24

Point 2 　"别说～（了）"「～どころか」　　别说高中了，初中也有人谈恋爱啊。

"别说～（了）" は「～は言うまでもない、～どころか」という意味を表します。

① 别说 英语 了，法语 和 德语 也 会 说。
Biéshuō Yīngyǔ le, Fǎyǔ hé Déyǔ yě huì shuō.

② 别说 国外 旅行 了，国内 旅行 也 很 少 去。
Biéshuō guówài lǚxíng le, guónèi lǚxíng yě hěn shǎo qù.

即練 次の日本語を中国語に訳しましょう。

（1） フランス語どころか、英語も話せません。

（2） 結婚どころか、彼女すらいません。

Point 3 "有" + 名詞 + 修飾語　　別说高中了，初中也有人谈恋爱啊。

中国語では「修飾語は前」が大原則ですが、名詞の前に"有"または"没（有）"が使われる場合は、修飾語を後置することがあります。

① 我们 一直 没有 机会 见面。
　　Wǒmen yìzhí méiyou jīhui jiànmiàn.

② 我 有 一 个 问题 想 请教 您。　　（请教：教えを請う）
　　Wǒ yǒu yí ge wèntí xiǎng qǐngjiào nín.

 即練　次の日本語を中国語に訳しましょう。

（1）私には遊ぶ時間がありません。

　　...

（2）あなたにとても会いたがっている人がいます。

　　...

 李さん の 分かり合いポイント

　今回習った文法表現で言うと、"在中国，别说初中了，高中也禁止谈恋爱。"（中国では、中学どころか、高校でも恋愛が禁止だ）ということです。もしバレてしまったら、別れさせられるのはもちろんのこと、親が呼ばれたりひどい場合は退学処分になってしまったりすることもあります。

　その一番大きな理由はやはり熾烈な受験戦争にあります。"高考 gāokǎo"と呼ばれる中国の大学受験はたった一度だけで今後の人生を決めてしまうので、学校側も親側も高校では勉強に専念するべきだという考えです。たしかに恋愛をすると勉強時間が減るし、気分的に集中できなくなることもよくあるのは事実ですが、恋をしたいという人間の自然な気持ちを無理矢理に抑えるのはいかがなものかとも思います。

　日本や欧米のように、高校生でも堂々と付き合っているのを見て、中国の高校生はファンタジーのように感じるでしょう。僕も日本の高校だったらよかったのになあ…

第9課

DL 086
CD2-26

1 音声を書き取り、内容が正しければ〇、間違っていれば×をつけてください。

① ……………………………………………………………………… （　　）

② ……………………………………………………………………… （　　）

③ ……………………………………………………………………… （　　）

2 下記の中から適切な単語を（　）内に入れて、完成させた文を日本語に訳しましょう。

① 被	② 别	③ 就	④ 在意	⑤ 那么
bèi	bié	jiù	zàiyì	nàme

(1) 我今天五点（　　　）起床了。

Wǒ jīntiān wǔ diǎn (　　　) qǐchuáng le.

日本語訳：……………………………………………………………………

(2) 十万日元？怎么（　　　）贵？

Shí wàn rìyuán? Zěnme (　　　) guì?

日本語訳：……………………………………………………………………

(3) 我今天（　　　）老师批评了。　　（批评：しかる）

Wǒ jīntiān (　　　) lǎoshī pīpíng le.

日本語訳：……………………………………………………………………

(4) 你（　　　）生气，我只是开玩笑。

Nǐ (　　　) shēngqì, wǒ zhǐshì kāi wánxiào.

日本語訳：……………………………………………………………………

(5) 他总是很（　　　）别人怎么看自己。　　（总是：いつも）

Tā zǒngshì hěn (　　　) biéren zěnme kàn zìjǐ.

日本語訳：……………………………………………………………………

日中文化 Answer

DL 087
CD2-27

听说 / 中国 的 高中 / 禁止 谈 恋爱，我 很 吃惊。
Tīngshuō / Zhōngguó de gāozhōng / jìnzhǐ tán liàn'ài, wǒ hěn chījīng.

在 日本，别说 高中 了，初中 / 也 可以 谈 恋爱。
Zài Rìběn, biéshuō gāozhōng le, chūzhōng / yě kěyǐ tán liàn'ài.

虽然 / 谈 恋爱 / 有 可能 影响 学习，但 我 觉得 / 不 能 谈 恋爱 / 太 可怜 了。
Suīrán / tán liàn'ài / yǒu kěnéng yǐngxiǎng xuéxí, dàn wǒ juéde / bù néng tán liàn'ài / tài kělián le.

語句

DL 088
CD2-28

❶ 禁止 jìnzhǐ 禁止する　❷ 吃惊 chījīng 驚く　❸ 虽然 suīrán 〜だけれども
❹ 影响 yǐngxiǎng 影響する　❺ 可怜 kělián 可哀想

音読のポイント

- "恋 liàn 爱""影响 xiǎng""可怜 lián"の i の音が落とされがちです。しっかり意識して発音するようにしましょう。
- "听说"の後に短い間を入れて読むとより聞きやすくなります。

音読練習

1 i の発音を意識して発音してください。

DL 089
CD2-29

① 减价 jiǎnjià 値下げをする　② 联想 liánxiǎng 連想する
③ 虾饺 xiājiǎo えびギョーザ　④ 前年 qiánnián おととし
⑤ [早口言葉] 以前天天想见面。 以前はまいにち会いたいと思っていた。
　　　　　　 Yǐqián tiāntiān xiǎng jiànmiàn.

2 "听说"の後に短い間を入れて発音し、下線に日本語訳を書いてください。

DL 090
CD2-30

① 听说李老师很严格。 Tīngshuō Lǐ lǎoshī hěn yángé.

日本語訳：_____

② 听说那个电影很有意思。 Tīngshuō nèige diànyǐng hěn yǒu yìsi.

日本語訳：_____

总觉得他不太热情。

なんかちょっと冷たい感じがした。

李さんは川井さんの家に遊びに行ったけれど、どうもいまひとつ楽しめなかったようです。

听说你昨天去川井家玩儿了，是吗?

嗯，晚上还在他家吃了咖喱饭。

你们俩关系真好啊。

嗯……，不过他好像不太好客。

是吗? 为什么呢?

我也说不清楚，总觉得他不太热情。

不会吧，你太多心了。

也许中国人过于热情好客了吧。

新出語句　📥 DL 091　💿 CD2-31

① 咖喱饭 gālífàn カレーライス
② 俩 liǎ 2 人、2 つ
③ 好客 hàokè 客好きだ
④ 为什么 wèi shénme なぜ、どうして
⑤ 说不清楚 shuōbuqīngchu
　　はっきりと言えない
⑥ 总觉得 zǒng juéde
　　なんとなく～と感じる
⑦ 热情 rèqíng 親切だ
⑧ 不会吧 bú huì ba
　　まさか、そんなはずがないだろう
⑨ 多心 duōxīn
　　疑う、気を回す、考えすぎる
⑩ 也许 yěxǔ ～かもしれない

西村： 听说 你 昨天 去 川井 家 玩儿 了， 是 吗？
Tīngshuō nǐ zuótiān qù Chuānjǐng jiā wánr le, shì ma?

李： 嗯， 晚上 还 在 他 家 吃了 咖喱饭。
Ňg, wǎnshang hái zài tā jiā chīle gālífàn.

西村： 你们 俩 关系 真 好 啊。
Nǐmen liǎ guānxi zhēn hǎo a.

李： 嗯……, 不过 他 好像 不 太 好客。
Ňg......, búguò tā hǎoxiàng bú tài hàokè.

西村： 是 吗？ 为 什么 呢？
Shì ma? Wèi shénme ne?

李： 我 也 说不清楚， 总 觉得 他 不 太 热情。
Wǒ yě shuōbuqīngchu, zǒng juéde tā bú tài rèqíng.

西村： 不 会 吧， 你 太 多心 了。
Bú huì ba, nǐ tài duōxīn le.

李： 也许 中国人 过于 热情 好客 了 吧。
Yěxǔ Zhōngguórén guòyú rèqíng hàokè le ba.

日中文化 Question

李さんが川井さんは「客好きじゃない」と思った理由で、考えられそうなのは次の内どれでしょうか。（正解は複数有）

Ⓐ 川井さんは李さんにカレーのおかわりをすすめなかったこと。

Ⓑ 李さんが帰ろうとした時、川井さんは引き止めなかったこと。

Ⓒ 李さんが帰る時、川井さんは外まで見送りしなかったこと。

DL 093
CD2-33

Point 1 "总觉得"「なんとなく～と感じる」　总觉得他不太热情。

ここの"总"は「どうも～、なんか～、なんとなく～」というニュアンスを表します。

① 我 总 觉得 在 哪儿 见过 他。
　　Wǒ zǒng juéde zài nǎr jiànguo tā.

② 最近 总 觉得 有点儿 累。
　　Zuìjìn zǒng juéde yǒudiǎnr lèi.

即練 次の日本語を中国語に訳しましょう。

(1) なんかちょっとおかしいと感じます。　＊おかしい：奇怪 qíguài

┈┈

(2) 彼女はどうも僕のことがあまり好きじゃないようだ。

┈┈

DL 094
CD2-34

Point 2 "不会吧"「まさか」　不会吧，你太多心了。

"不会吧"は「まさか、うそだろう、そんなはずがないだろう」などの意味で、相手の言ったことが信じがたいニュアンスを表す慣用表現です。

① 不 会 吧，没 拿到 学分？　（学分：単位）
　　Bú huì ba, méi nádào xuéfēn?

② 听说 她 是 偶像 天团 的 成员。—— 不 会 吧！
　　Tīngshuō tā shì ǒuxiàng tiāntuán de chéngyuán. — Bú huì ba!
　　　　　　　　　　　　　　（偶像天团：アイドルグループ　成員：メンバー）

即練 次の日本語を中国語に訳しましょう。

(1) まさか、あなたたち別れたの？　＊別れる：分手 fēnshǒu

┈┈

(2) 彼女はもうすぐ結婚するらしいよ。—— うそだろう！　＊もうすぐ～：要～了 yào~le

┈┈

Point 3　"也许"「～かもしれない」　　也许中国人过于热情好客了吧。

"也许"は「(もしかしたら)～かもしれない」という意味の副詞で、"可能"と言い換えることができます。

① 也许 她 误会 了。　　(误会：誤解する)
　Yěxǔ　tā　wùhuì　le.

② 这样 说 也许 不 太 恰当。　　(恰当：適切だ)
　Zhèyàng shuō yěxǔ bú tài qiàdàng.

 即練　次の日本語を中国語に訳しましょう。

(1) 私が考え過ぎたかもしれない。

....

(2) 彼はもう知っているかもしれない。

....

 李さんの 分かり合いポイント

　中国人は気ままで遠慮がないというイメージを抱いている人が多いかもしれませんが、人の家に招待される時は意外とデリケートな面があります。人にもよりますが、ホスト側が勧めてくれないと自分から料理を取ったりご飯のおかわりをしたりするのに遠慮する人が多いと思います。

　客を招待するとなると、これでもかというくらい大量な料理を用意し、しつこく客に勧めます。客が帰ろうとする時は何度も引き止めようとするし、「もうどうしても帰らないと」となってやっと解放します。その際、玄関ではなくマンションの下や駅まで見送りするのが一般的です。そうでないと"热情好客"にならず冷たい印象になってしまうからです。

　日本人の友人の家に遊びに行って帰ろうとする時、「そろそろ失礼します」と言ったら、「あ、そう？じゃ気をつけてね」という即リプには、どうしても寂しい気持ちになります。

🎧 DL 096
⊙ CD2-36

1 音声を書き取り、内容が正しければ〇、間違っていれば×をつけてください。

① _____ (　　　)

② _____ (　　　)

③ _____ (　　　)

2 下記の中から適切な単語を (　　　) 内に入れて、完成させた文を日本語に訳しましょう。

① 听说	② 好像	③ 也许	④ 过于	⑤ 总觉得
tīngshuō	hǎoxiàng	yěxǔ	guòyú	zǒng juéde

(1) 他总是 (　　　　　) 自信。

　　Tā zǒngshì (　　　　　　　) zìxìn.

　　日本語訳：_____

(2) (　　　　　) 他们俩离婚了。

　　(　　　　　　　) tāmen liǎ líhūn le.

　　日本語訳：_____

(3) 现在去 (　　　　　) 还来得及。　(来得及：間に合う)

　　Xiànzài qù (　　　　　　　) hái láidejí.

　　日本語訳：_____

(4) 他 (　　　　　) 有点儿不高兴。

　　Tā (　　　　　　　) yǒudiǎnr bù gāoxìng.

　　日本語訳：_____

(5) 我 (　　　　　) 那个人不太可靠。　(可靠：信頼できる)

　　Wǒ (　　　　　　　) nèige rén bú tài kěkào.

　　日本語訳：_____

日中文化 Answer 🐤

DL 097
CD2-37

在 中国，客人 要 走 时 / 主人 一般 会 多次 挽留，
Zài Zhōngguó, kèren yào zǒu shí / zhǔrén yìbān huì duō cì wǎnliú,

但 这样 做 的 日本人 / 比较 少。因为 / 很 多 日本人 觉得，
dàn zhèyàng zuò de Rìběnrén / bǐjiào shǎo. Yīnwei / hěn duō Rìběnrén juéde,

如果 多 次 挽留 的话，可能 会 让 客人 为难。
rúguǒ duō cì wǎnliú dehuà, kěnéng huì ràng kèren wéinán.

語 句

DL 098
CD2-38

❶ 客人 kèren 客、お客さん ❷ 主人 zhǔrén ホスト、主人
❸ 多次 duō cì 何度も、何回も ❹ 挽留 wǎnliú 引き止める
❺ 如果〜的话 rúguǒ~dehuà もし〜ならば ❻ 为难 wéinán 困る、困らせる

音読のポイント 🐤

● "觉 jué 得"のように、子音 j、q、x の後ろの ü は「¨」が省略されて u とつづりますが、発音は ü のままです。普通の u と混同しないように注意しましょう。

● "让客人为难"のような使役文は、"让"と後ろの部分がばらばらにならないよう、つなげて読みましょう。

音読練習

1 「¨」が省略される ü に注意して発音してください。

DL 099
CD2-39

① 选举 xuǎnjǔ 選挙する   ② 军训 jūnxùn 軍事訓練

③ 录取 lùqǔ 採用する   ④ 数据 shùjù データ

⑤ [早口言葉] 小徐出去买橘子。Xiǎo Xú chūqu mǎi júzi. 徐さんはみかんを買いに出かける。

2 使役文の読み方に注意して発音し、下線に日本語訳を書いてください。

DL 100
CD2-40

① 这件事让大家很吃惊。Zhèi jiàn shì ràng dàjiā hěn chījīng.

日本語訳：..

② 总经理让小徐去出差了。Zǒngjīnglǐ ràng Xiǎo Xú qù chūchāi le.   （总经理：社長）

日本語訳：..

吃饭更重要。

ご飯のほうが大事だ。

2限の授業が終わるのが遅くなり、食堂に行ったらもう長い行列ができていました。

新出語句 DI 101

CD2-41

① 怪 guài 責める、〜のせいにする

② 拖堂 tuōtáng 授業を引き延ばす

③ 排队 páiduì 列に並ぶ

④ 要不然 yàobùrán さもなければ

⑤ 荞麦面 qiáomàimiàn そば

⑥ 又 yòu また

⑦ 家 jiā 商店・企業などを数える量詞

⑧ 站 zhàn 立つ

⑨ 便利店 biànlìdiàn コンビニ

⑩ 饭团 fàntuán おにぎり

⑪ 节 jié 授業などを数える量詞

⑫ 迟到 chídào 遅刻する

会話

DL 102
CD2-42

李： 都 怪 老师 拖堂， 排队 的 人 已经 这么 多 了。
Dōu guài lǎoshī tuōtáng, páiduì de rén yǐjīng zhème duō le.

川井： 要不然 去 吃 荞麦面， 怎么样？
Yàobùrán qù chī qiáomàimiàn, zěnmeyàng?

李： 又 是 那 家 站着 吃 的 店 吧？ 我 不 想 去。
Yòu shì nèi jiā zhànzhe chī de diàn ba? Wǒ bù xiǎng qù.

川井： 那 去 便利店 买 饭团 吧。 没 时间 了。
Nà qù biànlìdiàn mǎi fàntuán ba. Méi shíjiān le.

李： 嗯……， 那 你 去 吧， 我 在 这儿 排队。
Ǹg……, nà nǐ qù ba, wǒ zài zhèr páiduì.

川井： 你 第 三 节 也 有 课 吧？ 迟到 了 怎么 办？
Nǐ dì sān jié yě yǒu kè ba? Chídào le zěnme bàn?

李： 迟到 就 迟到 吧， 吃 饭 更 重要。
Chídào jiù chídào ba, chī fàn gèng zhòngyào.

川井： 啊？
Á?

日中文化 Question

李さんはどうして立ち食いそばの店に行きたくないと思いますか。

A 中国には立ち食いの習慣がないから。

B 李さんは座ってゆっくりと昼ご飯を食べたいから。

C 日本のそばはあっさりしすぎて中国人に物足りないから。

DL 103
CD2-43

Point 1 "(都)怪〜"「(全部)〜のせいだ」 都怪老师拖堂，排队的人已经这么多了。

"怪"は「とがめる、〜のせいにする」という意味の動詞で、"都怪〜"で「(全部)〜のせいだ」という意味を表します。

① 孩子 变成 这样，都 怪 你 不 好。
　　Háizi biànchéng zhèyàng, dōu guài nǐ bù hǎo.

② 这 件 事 不 应该 怪 别人，都 怪 我 自己。
　　Zhèi jiàn shì bù yīnggāi guài biéren, dōu guài wǒ zìjǐ.

即練 次の日本語を中国語に訳しましょう。

(1) ごめんなさい、全部僕が悪いんだ。

　　..

(2) このことは彼のせいにするべきではない。

　　..

DL 104
CD2-44

Point 2 "要不然"「さもなければ；なんなら」　　要不然去吃荞麦面，怎么样？

"要不然"はもともと「さもなければ」という意味ですが、「なんなら、あるいは、いっそ」など、別の提案をする時によく使われる表現です。"要不"だけで用いることもあります。

① 下 雨 了，要不(然) 别 出去 了。
　　Xià yǔ le, yàobù(rán) bié chūqu le.

② 一 个 人 没 问题 吗？ 要不(然) 我 跟 你 一起 去 吧。
　　Yí ge rén méi wèntí ma? Yàobù(rán) wǒ gēn nǐ yìqǐ qù ba.

即練 次の日本語を中国語に訳しましょう。

(1) あるいは（私たちは）カラオケに行くのはどう？

　　..

(2) あまり遠くないから、なんなら歩いて行こうか。

　　..

Point 3 "〜就〜"「〜したら〜したまでのことだ」 迟到就迟到吧，吃饭更重要。

"〜就〜"の形で「〜したら〜したまでのことだ」とそのまま認めて受け入れることを表します。

① 你 想 买 就 买 吧。
　Nǐ xiǎng mǎi jiù mǎi ba.

② 丢了 就 丢了 吧， 哭 也 没用。　（丢：なくす　　没用：役に立たない、無駄だ）
　Diūle jiù diūle ba,　kū yě méiyòng.

 即練 次の日本語を中国語に訳しましょう。

(1) 泣きたければ泣けばよい。

----

(2) 負けは負けだ、泣いたってしょうがない。　　＊負ける：输 shū

 李さん の 分かり合いポイント

　はじめて日本の立ち食いそばの店を見た時、とてもびっくりしました。忙しい時は入店してから10分もかからないくらいで食事が済ませられるのは時短で助かりますが、せめて座って食べたいと思いました。日本人は勤勉だということを知っていましたが、食事の時間くらいもう少しのんびりしてもいいのではと今も思っています。

　日本人と比較して、中国人は食事のことを異常に（？）大事にしています。会社では、昼休みの時間になったら、まだ処理が終わっていない業務があっても、中断して食事をしに行く人が多いようです。また、冷たい食べ物が苦手な人が多いので、冷たい弁当やおにぎりのようなものはめったに食べないです。

　しかし、急速に発展している中国は生活リズムも速くなり、みんな忙しくなったのでこの習慣は変わりつつあります。仕事なども大事ですが、楽しんでのんびりと食事をするのは体にも心にも大切ですね。

DL 106
CD2-46

1 音声を書き取り、内容が正しければ〇、間違っていれば×をつけてください。

① _____ （　　　）

② _____ （　　　）

③ _____ （　　　）

2 下記の中から適切な単語を（　　　）内に入れて、完成させた文を日本語に訳しましょう。

① 就　　② 又　　③ 已经　　④ 怎么样　　⑤ 怎么办
　 jiù　　　 yòu　　　 yǐjīng　　　zěnmeyàng　　 zěnme bàn

(1) 小李今天（　　　　）迟到了。
Xiǎo Lǐ jīntiān (　　　　) chídào le.

日本語訳：_____

(2) 听说她（　　　　）有男朋友了。
Tīngshuō tā (　　　　) yǒu nánpéngyou le.

日本語訳：_____

(3) 我们去吃烤肉，（　　　　）？　（烤肉：焼肉）
Wǒmen qù chī kǎoròu, (　　　　)?

日本語訳：_____

(4) 没有末班车了，（　　　　）？　（末班车：終電、終バス）
Méiyou mòbānchē le, (　　　　)?

日本語訳：_____

(5) 分手（　　　　）分手吧，我也不想跟你在一起了。　（在一起：一緒にいる）
Fēnshǒu (　　　　) fēnshǒu ba, wǒ yě bù xiǎng gēn nǐ zài yìqǐ le.

日本語訳：_____

日中文化 Answer

DL 107
CD2-47

很 多 中国人 觉得 / 吃 饭 / 是 最 重要 的 事情,
Hěn duō Zhōngguórén juéde / chī fàn / shì zuì zhòngyào de shìqing,

但 很 多日本人 觉得 / 比起 吃 饭 / 工作 更 重要。在 现代 社会,
dàn hěn duō Rìběnrén juéde / bǐqǐ chī fàn / gōngzuò gèng zhòngyào. Zài xiàndài shèhuì,

吃 饭 和 工作 / 哪个 更 重要, 这 成了 一个 / 很 难 回答 的 问题。
chī fàn hé gōngzuò / něige gèng zhòngyào, zhè chéngle yí ge / hěn nán huídá de wèntí.

語 句

DL 108
CD2-48

❶ 事情 shìqing 事、事柄　❷ 比起 bǐqǐ 〜と比べて　❸ 成 chéng 〜となる

❹ 难 nán 〜しにくい　❺ 回答 huídá 答える

音読のポイント

● "吃 chī 饭"と"比起 qǐ"の子音 ch と q の違いに注意しましょう。q は舌面音で、日本語の「チー」とほぼ同じ発音ですが、ch はそり舌音で、舌をスプーンの形にして発音します。

● 「数詞＋量詞＋名詞」は一つのかたまりで読むのが原則ですが、名詞に修飾語がついている場合、[数詞＋量詞]の後に少し間を入れると読みやすくなります。

音読練習

1 子音 ch と q の違いに注意して発音してください。

DL 109
CD2-49

① 长崎 Chángqí　長崎

② 抽签 chōuqiān　抽選する

③ 汽车 qìchē　自動車

④ 青春 qīngchūn　青春

⑤ [早口言葉] 坐出租汽车去长崎。Zuò chūzū qìchē qù Chángqí.　タクシーで長崎へ行く。

2 「数詞＋量詞＋名詞フレーズ」の読み方に注意して発音し、下線に日本語訳を書いてください。

DL 110
CD2-50

① 这是一个真实的故事。Zhè shì yí ge zhēnshí de gùshi.

(真实：真実の、本当の　　故事：物語、お話)

日本語訳：

② 我看了一本很有意思的小说。Wǒ kànle yì běn hěn yǒu yìsi de xiǎoshuō.

日本語訳：

语音信息更方便嘛。

ボイスメッセージのほうがもっと便利だもん。

李さんと西村さんは電車で川井さんのところへ行く途中ですが、電車が遅れたため2人は遅刻しそうです。

新出語句　　🎧 DL 111　　◎ CD2-51

① 晚点 wǎndiǎn 定刻より遅れる

② 看来 kànlái 見たところ、どうやら

③ 发 fā（メッセージなどを）送る

④ 信息 xìnxī メッセージ

⑤ 电车 diànchē 電車

⑥ 一会儿 yíhuìr 少しの間

⑦ 语音 yǔyīn 音声

⑧ 挺〜的 tǐng〜de
　　けっこう〜、なかなか〜

⑨ 打字 dǎzì 文字を打つ、入力する

⑩ 又〜又… yòu〜yòu… 〜その上、…

⑪ 麻烦 máfan 面倒だ

⑫ 花 huā（時間やお金を）費やす

⑬ 确实 quèshí 確かに、間違いなく

⑭ 常用 chángyòng よく使う

会话

李： 电车 晚点 了，看来 咱们 要 迟到 了。
　　Diànchē wǎndiǎn le, kànlái zánmen yào chídào le.

西村： 发 个 信息 告诉 川井 吧。
　　　Fā ge xìnxī gàosu Chuānjǐng ba.

李： 好。（スマホでボイスメッセージ：）
　　Hǎo.

　　　"电车 晚点 了，我们 晚 到 一会儿，不 好意思 啊。"
　　　"Diànchē wǎndiǎn le, wǒmen wǎn dào yíhuìr, bù hǎoyìsi a."

西村： 喜欢 发 语音 信息 的 中国人 挺 多 的 吧。
　　　Xǐhuan fā yǔyīn xìnxī de Zhōngguórén tǐng duō de ba.

李： 打字 又 麻烦 又 花 时间，语音 信息 更 方便 嘛。
　　Dǎzì yòu máfan yòu huā shíjiān, yǔyīn xìnxī gèng fāngbiàn ma.

西村： 语音 信息 确实 很 方便，不过 我 不 常用。
　　　Yǔyīn xìnxī quèshí hěn fāngbiàn, búguò wǒ bù chángyòng.

李： 为 什么 呢？
　　Wèi shénme ne?

西村： 总 觉得 有点儿 不 好意思。
　　　Zǒng juéde yǒudiǎnr bù hǎoyìsi.

日中文化 Question

李さんはどうして電車の中でもボイスメッセージを送りたがると思いますか。（正解は複数有）

Ⓐ 周りの人の目をあまり気にしないから。

Ⓑ 内容が周りの人に聞かれても気にしないから。

Ⓒ 文字入力が面倒でボイスメッセージのほうが楽だから。

ポイント

Point 1 "一会儿" [少しの間；少ししたら]　　我们晚到一会儿，不好意思啊。

"一会儿"は数量詞として、「少しの間、わずかの時間」の意味を表します。

① 让 我 再 睡 一会儿。
Ràng wǒ zài shuì　yíhuìr.

② 你们 休息 一会儿 吧。
Nǐmen xiūxi　yíhuìr　ba.

"一会儿"は副詞の用法もあり、「少ししたら、後ほど」の意味を表すこともできます。

③ 一会儿 见。
Yíhuìr　jiàn.

④ 我 一会儿 给 你 打 电话。
Wǒ　yíhuìr　gěi nǐ dǎ diànhuà.

即練 次の日本語を中国語に訳しましょう。

(1) 私たちはもうちょっと待ちましょう。

_____

(2) 少ししたら一緒にご飯を食べに行きましょう。

_____

Point 2 "挺〜(的)" [けっこう〜、なかなか〜]　喜欢发语音信息的中国人挺多的吧。

副詞"挺"はよく"的"とセットで、程度が高いことを控えめに表します。

① 他 的 成绩 挺 好 的。
Tā　de chéngjì tǐng hǎo de.

② 我 觉得 挺 有 意思 的。
Wǒ juéde tǐng yǒu yìsi　de.

即練 次の日本語を中国語に訳しましょう。

(1) きょうはけっこう寒いです。

_____

(2) 私はなかなかおいしいと思います。

_____

Point 3 **"确实"** 「たしかに、間違いなく」 语音信息确实很方便，不过我不常用。

副詞 **"确实"** は「たしかに、間違いなく」という意味で、客観的事実を肯定する語気を表します。

① 他 的 话 确实 有 道理。　　(有道理：理にかなっている)
　Tā de huà quèshí yǒu dàolǐ.

② 确实 有点儿 贵，但 质量 非常 好。　　(质量：品質)
　Quèshí yǒudiǎnr guì, dàn zhìliàng fēicháng hǎo.

 即練 次の日本語を中国語に訳しましょう。

(1) あの人はたしかに能力があります。　　＊能力：能力 nénglì

....

(2) 中国語は確かにちょっと難しいですが、非常に面白いです。

....

 李さんの 分かり合いポイント

　気のせいでしょうか。日本にいても、道を歩きながらスマホを耳に当ててボイスメッセージを聞き、また口に当てて何かを喋ってボイスメッセージで返信する人には、中国人の比率がとても高いような気がします。

　日本では、電車の中など公共の場で電話やボイスメッセージを使用する人が非常に少ないようです。もちろんマナーの問題もありますが、やりとりの内容を周囲に聞かれたくない、自分の声が目立って恥ずかしいから、面倒でも文字を打ってテキストメッセージでやりとりをする人が多いのではないでしょうか。

　一方、多くの中国人は大きな声でなければ迷惑にならないだろうと人の目を気にしない、また電話やボイスメッセージの内容が聞かれても気にしない、そんなことよりやりとりの効率性を重視します。それが原因で、場所を構わずに平気で電話やボイスメッセージを使う人が多いと思います。

⬇ DL 116

◉ CD2-56

1 音声を書き取り、内容が正しければ〇、間違っていれば×をつけてください。

① _____ ( )

② _____ ( )

③ _____ ( )

2 下記の中から適切な単語を（　　）内に入れて、完成させた文を日本語に訳しましょう。

① 花	② 要	③ 发	④ 看来	⑤ 麻烦
huā	yào	fā	kànlái	máfan

(1) 我给你（　　　　　）邮件了。

Wǒ gěi nǐ (　　　　　) yóujiàn le.

日本語訳：_____

(2) 搬家（　　　　　）了不少钱。　　(搬家：引っ越す)

Bānjiā (　　　　　) le bù shǎo qián.

日本語訳：_____

(3) 没想到这么（　　　　　）。　　(想到：思い至る、予想する)

Méi xiǎngdào zhème (　　　　　).

日本語訳：_____

(4) （　　　　　）下雨了，快走吧。

(　　　　　) xià yǔ le, kuài zǒu ba.

日本語訳：_____

(5) （　　　　　）这件事不太简单。

(　　　　　) zhèi jiàn shì bú tài jiǎndān.

日本語訳：_____

日中文化 Answer

语音 信息 / 确实 很 方便，但 日本人 / 用得 不 太 多。
Yǔyīn xìnxī / quèshí hěn fāngbiàn, dàn Rìběnrén / yòngde bú tài duō.

在 比较 安静 的 公共 场所， 用 语音 信息 / 引 人 注意，
Zài bǐjiào ānjìng de gōnggòng chǎngsuǒ, yòng yǔyīn xìnxī / yǐn rén zhùyì,

还 会 影响 别人，所以 / 更 多 日本人 / 用 文字 发 信息。
hái huì yǐngxiǎng biéren, suǒyǐ / gèng duō Rìběnrén / yòng wénzì fā xìnxī.

語 句

❶ 安静 ānjìng 静かだ ❷ 公共场所 gōnggòng chǎngsuǒ 公共の場
❸ 引人注意 yǐn rén zhùyì 人の目を引く、目立つ ❹ 所以 suǒyǐ そのため、だから

音読のポイント

● "场所 chǎngsuǒ"、"影响 yǐngxiǎng"、"所以 suǒyǐ"のような第3声が続く場合、最初の第3声が
第2声に変調しますが、そうでない第3声は低く抑えて発音するのが基本です。"语 yǔ 音"、"比
bǐ 较"、"引 yǐn 人"などの第3声が上がらないように注意しましょう。

● "确实很方便"や"比较安静"など、副詞とその後ろの部分はつなげて読むのが一般的です。

音読練習

1 第3声に注意して発音してください。

① 洗手 xǐshǒu 手を洗う ② 雨伞 yǔsǎn 雨傘

③ 洗头 xǐtóu 髪を洗う ④ 雨衣 yǔyī レインコート

⑤ [早口言葉] 好山，好水，好风光。 きれいな山、きれいな水、きれいな景色。
Hǎo shān, hǎo shuǐ, hǎo fēngguāng.

2 副詞の読み方に注意して発音し、下線に日本語訳を書いてください。

① 我今天肚子有点儿不舒服。Wǒ jīntiān dùzi yǒudiǎnr bù shūfu. （肚子：おなか）

日本語訳：

② 我出去一下，一会儿就回来。Wǒ chūqu yíxià, yíhuìr jiù huílai

日本語訳：

索　引 （中国語→日本語）

发音	fāyīn	発音	3
反而	fǎn'ér	かえって、逆に	6
饭团	fàntuán	おにぎり	11
房间	fángjiān	部屋	3
分成	fēnchéng	〜に分ける	7
分开	fēnkāi	分ける	3
分手	fēnshǒu	別れる	10
丰富	fēngfù	豊かだ、豊富だ	5
付账	fùzhàng	勘定を払う	3

G

咖喱饭	gālífàn	カレーライス	10
感冒	gǎnmào	風邪を引く	5
刚	gāng	〜したばかり	2
刚才	gāngcái	さきほど	4
高二	gāo'èr	高校2年	9
高年级	gāo niánjí	高学年	4
告诉	gàosu	教える	5
个人	gèrén	個人	7
跟	gēn	〜と	6
更	gèng	もっと、いっそう	5
公共场所	gōnggòng chǎngsuǒ	公共の場	12
购物	gòuwù	ショッピングをする、買い物をする	6
顾虑	gùlǜ	心配、躊躇	2
故事	gùshi	物語、お話	11
怪	guài	責める、〜のせいにする	11
关系	guānxi	関係、仲	2
关于	guānyú	〜について、〜に関して	6
过于	guòyú	あまりにも〜すぎる	6

H

好听	hǎotīng	(音声が)耳に心地よい、美しい	3
好像	hǎoxiàng	〜のようだ	4
好笑	hǎoxiào	おかしい、笑える	6
好客	hàokè	客好きだ	10
号码	hàomǎ	番号	2
合理	hélǐ	合理的だ	3
后悔	hòuhuǐ	後悔する	1
花	huā	(時間やお金を)費やす	12
坏	huài	壊れる	2
换	huàn	替える	1
灰心	huīxīn	気を落とす	4
回答	huídá	答える	11
回礼	huílǐ	お返しの贈り物をする	8
会	huì	〜だろう、〜はずだ	1
会场	huìchǎng	会場	7
婚礼	hūnlǐ	結婚式	1

J

基本上	jīběnshang	基本的に	4
机会	jīhuì	機会、チャンス	7
急	jí	焦る	6
记录	jìlù	記録する	7
加	jiā	加える、追加する	2
加油	jiāyóu	頑張る、応援する	7
家	jiā	商店・企業などを数える量詞	11
家长	jiāzhǎng	保護者	7
价格	jiàgé	価格、値段	3
见面	jiànmiàn	会う、出くわす	4
交	jiāo	(友達を)作る	2
交换	jiāohuàn	交換する	2
交往	jiāowǎng	つき合う	9
节	jié	授業などを数える量詞	11
解决	jiějué	解決する	4
戒烟	jièyān	たばこをやめる	2
尽力	jìnlì	ベストを尽くす	6
进行	jìnxíng	行う、進行する	7
禁止	jìnzhǐ	禁止する	9
镜头	jìngtóu	レンズ	2
敬语	jìngyǔ	敬語	4
久等	jiǔděng	長い時間を待つ	1
就	jiù	すぐ、もう	2
		〜ならば…だ	6
就是	jiùshì	ただ(〜だけ)	5
就这样	jiù zhèyàng	このままで	1
举行	jǔxíng	開催する、行う	7
觉得	juéde	思う、感じる	1

K

卡拉OK	kǎlā OK	カラオケ	3
开朗	kāilǎng	朗らかだ	2
开放	kāifàng	開放的だ、オープンだ	9
开心	kāixīn	楽しい	5
开玩笑	kāi wánxiào	冗談を言う	4
看法	kànfǎ	見方、見解、考え方	6
看来	kànlái	見たところ、どうやら	12
看起来	kànqǐlai	〜のように見える	7
考	kǎo	受験する	2
烤肉	kǎoròu	焼肉	11
可靠	kěkào	信頼できる	10
可怜	kělián	可哀想	9
可能	kěnéng	〜かもしれない	3
客气	kèqi	遠慮する	4
客人	kèren	客、お客さん	10
口罩	kǒuzhào	マスク	6
快乐	kuàilè	楽しい、愉快だ	8

说不清楚	shuōbuqīngchu	はっきりと言えない	10
送给	sònggěi	～に送る	8
算了	suànle	やめにする、あきらめる	1
虽然	suīrán	～だけれども	9
所以	suǒyǐ	そのため、だから	12

T

谈恋爱	tán liàn'ài	恋愛する	9
趟	tàng	1往復の動作を数える量詞	1
提案	tí'àn	提案	4
体贴	tǐtiē	思いやる、気遣う	6
听说	tīngshuō	聞くところによると	2
挺～的	tǐng~de	けっこう～、なかなか～	12
通过	tōngguò	～を通じて、～によって	5
拖堂	tuōtáng	授業を引き延ばす	11

W

晚点	wǎndiǎn	定刻より遅れる	6,12
挽留	wǎnliú	引き止める	10
往往	wǎngwǎng	往々にして、しばしば	2
微波炉	wēibōlú	電子レンジ	6
微信	Wēixìn	Wechat（LINEのような中国のメッセンジャーアプリ）	2
为难	wéinán	困る、困らせる	10
为什么	wèi shénme	なぜ、どうして	10
文化	wénhuà	文化	3
文件	wénjiàn	ファイル	2
物价	wùjià	物価	3
误会	wùhuì	誤解する	10

X

西装	xīzhuāng	スーツ	1
相比	xiāngbǐ	比べる、比較する	7
相当	xiāngdāng	かなり、相当	5
箱子	xiāngzi	箱、スーツケース	6
想	xiǎng	考える	1
想到	xiǎngdào	思い至る、予想する	12
像～一样	xiàng~yíyàng	まるで～のようだ	7
小吃	xiǎochī	軽食、屋台料理	5
辛苦	xīnkǔ	大変、つらい	5
信息	xìnxī	メッセージ	12
行	xíng	よろしい、オーケーだ	2
幸福	xìngfú	幸せだ	6
休息	xiūxi	休む	6
选手	xuǎnshǒu	選手	2

学到	xuédào	身につける	5
学分	xuéfēn	単位	10
学长	xuézhǎng	先輩	4

Y

严格	yángé	厳しい	4
演员	yǎnyuán	俳優	7
要	yào	～しなければならない	1
要不然	yàobùrán	さもなければ	11
要～了	yào~le	もうすぐ～	10
也就是	yě jiùshì	つまり	1
也许	yěxǔ	～かもしれない	10
一定	yídìng	きっと、絶対に	7,8
一会儿	yíhuìr	少しの間	12
一切	yíqiè	すべて	7
一般	yìbān	一般的だ	3
一直	yìzhí	ずっと	4
以后	yǐhòu	今後、これから	2
引人注意	yǐn rén zhùyì	人の目を引く、目立つ	12
应该	yīnggāi	～するべきだ	6
影响	yǐngxiǎng	影響する	9
用	yòng	使用する、使う	2
用来	yònglái	～に用いる	8
尤其	yóuqí	特に、とりわけ	4
游戏	yóuxì	ゲーム	7
有道理	yǒu dàolǐ	理にかなっている	12
有关	yǒuguān	～と関係がある	3
有事	yǒu shì	用事がある	2
有些	yǒuxiē	少し、やや	6
又	yòu	また	11
又～又…	yòu~yòu…	～その上、…	12
与	yǔ	～と	3
羽毛球	yǔmáoqiú	バドミントン	5
语音	yǔyīn	音声	12
原来	yuánlái	（なんだ）～だったのか	8
越～越…	yuè~yuè…	～すればするほど…	3
运动	yùndòng	スポーツ、運動（する）	5
运动会	yùndònghuì	運動会	7

Z

在意	zàiyì	気にする、気になる	1
在一起	zài yìqǐ	一緒にいる	11
早就	zǎojiù	とっくに	8
怎么	zěnme	なんで、どうして	1
怎么办	zěnme bàn	どうしよう	1
站	zhàn	立つ	11
找到	zhǎodào	見つける	9
照相	zhàoxiàng	写真を撮る	2
这么	zhème	こんなに	1,3

索　引　（日本語→中国語）

比べる、比較する	相比	xiāngbǐ	7
グループ	组	zǔ	7
苦労する	受累	shòulèi	1
加える、追加する	加	jiā	2
敬語	敬语	jìngyǔ	4
軽食、屋台料理	小吃	xiǎochī	5
けっこう～、なかなか～	挺～的	tǐng~de	12
結婚式	婚礼	hūnlǐ	1
ゲーム	游戏	yóuxì	7
喧嘩する	吵架	chǎojià	4
後悔する	后悔	hòuhuǐ	1
交換する	交换	jiāohuàn	2
公共の場	公共场所	gōnggòng chǎngsuǒ	12
高学年	高年级	gāo niánjí	4
高校2年	高二	gāo'èr	9
傲慢だ、尊大だ	牛	niú	4
合理的だ	合理	hélǐ	3
誤解する	误会	wùhuì	10
個人	个人	gèrén	7
答える	回答	huídá	11
事、事柄	事情	shìqing	11
異なる	不同	bùtóng	3
このままで	就这样	jiù zhèyàng	1
このような	这样	zhèyàng	3
困る、困らせる	为难	wéinán	10
ゴミの山	垃圾堆	lājīduī	7
壊れる	坏	huài	2
今後、これから	以后	yǐhòu	2
こんなに	这么	zhème	1,3
コンビニ	便利店	biànlìdiàn	8,11

さ

サインする	签字	qiānzì	2
さきほど	刚才	gāngcái	4
サークル	社团	shètuán	4
サークル活動、部活動	社团活动	shètuán huódòng	5
避けられない	免不了	miǎnbuliǎo	4
～させる	让	ràng	1
サッカー	足球	zúqiú	5
さもなければ	要不然	yàobùrán	11
散財する、お金を費やす	破费	pòfèi	1
幸せだ	幸福	xìngfú	6
しかも、それに	而且	érqiě	2
しかる	批评	pīpíng	9
式典、儀式	典礼	diǎnlǐ	1
静かだ	安静	ānjìng	12
親しい、親密だ	亲密	qīnmì	2
～したばかり	刚	gāng	2
～しなければならない	要	yào	1
～しなければならない	得	děi	8

～しにくい	难	nán	11
知り合う	认识	rènshi	2
写真を撮る	照相	zhàoxiàng	2
社長	总经理	zǒngjīnglǐ	10
（たかが）～じゃないか	不就是～吗?	bú jiù shì~ma?	4
種、種類	种	zhǒng	3
重視する	重视	zhòngshì	1
終電、終バス	末班车	mòbānchē	11
授業を引き延ばす	拖堂	tuōtáng	11
受験する	考	kǎo	2
状況、事情	情况	qíngkuàng	4
使用する、使う	用	yòng	2
冗談を言う	开玩笑	kāi wánxiào	4
ショッピングをする、買い物をする	购物	gòuwù	6
しょんぼりしている、元気がない	没精打采	méi jīng dǎ cǎi	9
真実の、本当の	真实	zhēnshí	11
親切だ	热情	rèqíng	10
心配、躊躇	顾虑	gùlù	2
心配する	担心	dānxīn	1
信頼できる	可靠	kěkào	10
少し、やや	有些	yǒuxiē	6
少しの間	一会儿	yíhuìr	12
スキャンする、読み取る	扫	sǎo	2
すぐ、もう	就	jiù	2
スーツ	西装	xīzhuāng	1
スーツケース	旅行箱	lǚxíngxiāng	6
ずっと	一直	yìzhí	4
ずっと～	多了	duōle	3
すべて	一切	yíqiè	7
スポーツ、運動（する）	运动	yùndòng	5
～すればするほど…	越～越…	yuè~yuè…	3
～する必要はない、～するに及ばない	不用	búyòng	6
～するべきだ	应该	yīnggāi	6
正式の、本格的な	正式	zhèngshì	5
成長する	成长	chéngzhǎng	7
責める、～のせいにする	怪	guài	11
選手	选手	xuǎnshǒu	2
先輩	学长	xuézhǎng	4
そうだ、そういえば	对了	duìle	5
そうです	是的	shì de	3
そうでないと	不然	bùrán	1
～その上、…	又～又…	yòu~yòu…	12
そのため、だから	所以	suǒyǐ	12
そば	荞麦面	qiáomàimiàn	11

振る	甩	shuǎi	9
文化	文化	wénhuà	3
ぺこぺこする	点头哈腰	diǎntóu hāyāo	4
ベース	贝司	bèisī	8
ベストを尽くす	尽力	jìnlì	6
部屋	房间	fángjiān	3
方法	办法	bànfǎ	4
他の人	别人	biéren	8
朗らかだ	开朗	kāilǎng	2
保護者	家长	jiāzhǎng	7
ホスト、主人	主人	zhǔrén	10
ぼーっとする	发呆	fādāi	8
ホワイトデー	白色情人节	Báisè Qíngrénjié	8

ま			
負ける	输	shū	4,11
まさか、そんなはずがないだろう	不会吧	bú huì ba	10
マスク	口罩	kǒuzhào	6
また	又	yòu	11
間に合う	来得及	láidejí	10
間に合わない	来不及	láibují	1
真に受ける、むきになる	当真	dàngzhēn	4
まるで～のようだ	像～一样	xiàng~yíyàng	7
見方、見解、考え方	看法	kànfǎ	6
自ら、自分で	亲自	qīnzì	6
見たところ、どうやら	看来	kànlái	12
見つける	找到	zhǎodào	9
身につける	学到	xuédào	5
（音声が）耳に心地よい、美しい	好听	hǎotīng	3
メッセージ	信息	xìnxī	12
面倒だ	麻烦	máfan	12
面倒をかける	麻烦	máfan	6
メンバー	成员	chéngyuán	10
申し訳ない、ごめんなさい	不好意思	bù hǎoyìsi	1
もうすぐ～	要～了	yào~le	10
目的達成の意味を表す	一上	shàng	2
もし～ならば	如果～的话	rúguǒ~dehuà	10
文字を打つ、入力する	打字	dǎzì	12
持つ、手に取る	拿	ná	6
持つ、携帯する	带	dài	6
もっと、いっそう	更	gèng	5
（だって）～もの、～じゃないか	嘛	ma	4
物語、お話	故事	gùshi	11

や			
焼肉	烤肉	kǎoròu	11
野球	棒球	bàngqiú	4

役に立たない、無駄だ	没用	méiyòng	11
休む	休息	xiūxi	6
やっと、ようやく	才	cái	1, 2
やめにする、あきらめる	算了	suànle	1
豊かだ、豊富だ	丰富	fēngfù	5
夢を見る	做梦	zuòmèng	7
用事がある	有事	yǒu shì	2
よく、しょっちゅう	常	cháng	2
よく使う	常用	chángyòng	12
（声に出して）読む	念	niàn	1
よろしい、オーケーだ	行	xíng	2

ら			
理にかなっている	有道理	yǒu dàolǐ	12
料金を取る	收费	shōufèi	3
礼儀、マナー	礼貌	lǐmào	1
列に並ぶ	排队	páiduì	11
レディーファースト	女士优先	nǚshì yōuxiān	6
レベル	水平	shuǐpíng	5
恋愛する	谈恋爱	tán liàn'ài	9
練習する	练习	liànxí	5
連絡先	联络方式	liánluò fāngshì	2
連絡する	联系	liánxì	2
レンズ	镜头	jìngtóu	2

わ			
若い	年轻	niánqīng	8
別れる	分手	fēnshǒu	10
分ける	分开	fēnkāi	3
～を通じて、～によって	通过	tōngguò	5
～を除いて…	除了～以外	chúle~yǐwài	8

量詞			
1往復の動作を数える量詞	趟	tàng	1
商店・企業などを数える量詞	家	jiā	11
セットになっている服を数える量詞	身	shēn	1
歌などを数える量詞	首	shǒu	6
授業などを数える量詞	节	jié	11

ご採用の先生方へ

本テキストに付録している plus+Media の文法解説動画の中に確認問題を挿入しています。この文法解説動画の確認問題は、次に説明する CheckLink に対応しています。(このテキスト自体には CheckLink 対応の問題はありませんのでご注意ください)。

CheckLink を使用しなくても問題ありませんが、反転授業などにご活用いただける、授業活性化に役立つツールです。右ページをご参考いただき、ぜひご活用ください。

なお、付録の内容などの詳しい説明は、教授用資料にありますので、そちらもご参考いただけますと幸いです。

本書は CheckLink（チェックリンク）対応テキストです。

CheckLink のアイコンが表示されている設問は、CheckLink に対応しています。

CheckLink を使用しなくても従来通りの授業ができますが、特色をご理解いただき、授業活性化のためにぜひご活用ください。

CheckLink の特色について

大掛かりで複雑な従来の e-learning システムとは異なり、CheckLink のシステムは大きな特色として次の3点が挙げられます。

1. これまで行われてきた教科書を使った授業展開に大幅な変化を加えることなく、専門的な知識なしにデジタル学習環境を導入することができる。

2. PC 教室や CALL 教室といった最新の機器が導入された教室に限定されることなく、普通教室を使用した授業でもデジタル学習環境を導入することができる。

3. 授業中での使用に特化し、教師・学習者双方のモチベーション・集中力をアップさせ、授業自体を活性化することができる。

▶教科書を使用した授業に「デジタル学習環境」を導入できる

本システムでは、学習者は教科書の CheckLink のアイコンが表示されている設問に PC やスマートフォン、アプリからインターネットを通して解答します。そして教師は、授業中にリアルタイムで解答結果を把握し、正解率などに応じて有効な解説を行うことができるようになっています。教科書自体は従来と何ら変わりはありません。解答の手段として CheckLink を使用しない場合でも、従来通りの教科書として使用して授業を行うことも、もちろん可能です。

▶教室環境を選ばない

従来の多機能な e-learning 教材のように学習者側の画面に多くの機能を持たせることはせず、「解答する」ことに機能を特化しました。PC だけでなく、一部タブレット端末やスマートフォン、アプリからの解答も可能です。したがって、PC 教室や CALL 教室といった大掛かりな教室は必要としません。普通教室でも CheckLink を用いた授業が可能です。教師は PC だけでなく、一部タブレット端末やスマートフォンからも解答結果の確認をすることができます。

▶授業を活性化するための支援システム

本システムは予習や復習のツールとしてではなく、授業中に活用されることで真価を発揮する仕組みになっています。CheckLink というデジタル学習環境を通じ、教師と学習者双方が授業中に解答状況などの様々な情報を共有することで、学習者はやる気を持って解答し、教師は解答状況に応じて効果的な解説を行う、という好循環を生み出します。CheckLink は、普段の授業をより活力のあるものへと変えていきます。

上記3つの大きな特色以外にも、掲示板などの授業中に活用できる機能を用意しています。従来通りの教科書としても使用はできますが、ぜひ CheckLink の機能をご理解いただき、普段の授業をより活性化されたものにしていくためにご活用ください。

CheckLink の使い方

CheckLink は、PCや一部のタブレット端末、スマートフォン、アプリを用いて、この教科書にある
⟳CheckLink のアイコン表示のある設問に解答するシステムです。

・初めてCheckLinkを使う場合、以下の要領で**「学習者登録」**と**「教科書登録」**を行います。
・一度登録を済ませれば、あとは毎回**「ログイン画面」**から入るだけです。CheckLink を使う
教科書が増えたときだけ、改めて**「教科書登録」**を行ってください。

CheckLink URL

https://checklink.kinsei-do.co.jp/student/

 登録は CheckLink 学習者用
アプリが便利です。ダウン
ロードはこちらから ▶▶▶

▶学習者登録 (PC /タブレット/スマートフォンの場合)

①上記URLにアクセスすると、右のページが表示されます。学校名を入力し
「ログイン画面へ」を選択してください。
PCの場合は「PC用はこちら」を選択してPC用ページを表示します。同
様に学校名を入力し「ログイン画面へ」を選択してください。

②ログイン画面が表示されたら**「初めての方はこちら」**を選択し
「学習者登録画面」に入ります。

③自分の学籍番号、氏名、メールアドレス(学校
のメールなど**PCメール**を推奨)を入力し、次
に**任意のパスワード**を8桁以上20桁未満(半
角英数字)で入力します。なお、学籍番号は
パスワードとして使用することはできません。

④「パスワード確認」は、❸で入力したパスワー
ドと同じものを入力します。

⑤最後に「登録」ボタンを選択して登録は完了
です。次回からは、「ログイン画面」から学籍
番号とパスワードを入力してログインしてく
ださい。

▶教科書登録

① ログイン後、メニュー画面から「教科書登録」を選び（PCの場合はその後「新規登録」ボタンを選択）、「教科書登録」画面を開きます。

② 教科書と受講する授業を登録します。
教科書の最終ページにある、**教科書固有番号**のシールをはがし、印字された**16桁の数字とアルファベット**を入力します。

③ 授業を担当される先生から連絡された**11桁の授業ID**を入力します。

④ 最後に「登録」ボタンを選択して登録は完了です。

⑤ 実際に使用する際は「教科書一覧」（PCの場合は「教科書選択画面」）の該当する教科書名を選択すると、「問題解答」の画面が表示されます。

▶問題解答

① 問題は教科書を見ながら解答します。この教科書の ⟲CheckLink のアイコン表示のある設問に解答できます。

② 問題が表示されたら選択肢を選びます。

③ 表示されている問題に解答した後、「解答」ボタンを選択すると解答が登録されます。

▶**CheckLink 推奨環境**

PC

推奨 OS
Windows 7, 10 以降
MacOS X 以降

推奨ブラウザ
Internet Explorer 8.0 以上
Firefox 40.0 以上
Google Chrome 50 以上
Safari

携帯電話・スマートフォン
3G 以降の携帯電話（docomo, au, softbank）
iPhone, iPad（iOS9 〜）
Android OS スマートフォン、タブレット

・最新の推奨環境についてはウェブサイトをご確認ください。
・上記の推奨環境を満たしている場合でも、機種によってはご利用いただけない場合もあります。また、
　推奨環境は技術動向等により変更される場合があります。

▶**CheckLink 開発**
CheckLink は奥田裕司 福岡大学教授、正興 IT ソリューション株式会社、株式会社金星堂に
よって共同開発されました。

CheckLink は株式会社金星堂の登録商標です。

CheckLink の使い方に関するお問い合わせは…

正興 IT ソリューション株式会社　CheckLink 係

e-mail checklink@seiko-denki.co.jp

このテキストのメインページ
www.kinsei-do.co.jp/plusmedia/0727
次のページの QR コードを読み取ると
直接ページにジャンプできます

オンライン映像配信サービス「plus⁺Media」について

本テキストの映像は plus⁺Media ページ（www.kinsei-do.co.jp/plusmedia）から、ストリーミング再生でご利用いただけます。手順は以下に従ってください。

ログイン

ログインページ

●ご利用には、ログインが必要です。
　サイトのログインページ（www.kinsei-do.co.jp/plusmedia/login）へ行き、plus⁺Media パスワード（次のページのシールをはがしたあとに印字されている数字とアルファベット）を入力します。

●パスワードは各テキストにつき1つです。
　有効期限は、はじめてログインした時点から1年間になります。

[利用方法]

次のページにある QR コード、もしくは plus⁺Media トップページ（www.kinsei-do.co.jp/plusmedia）から該当するテキストを選んで、そのテキストのメインページにジャンプしてください。

メニューページ　　　　再生画面

plus+Media トップ　　　メインページ

「Video」「Audio」をタッチすると、それぞれのメニューページにジャンプしますので、そこから該当する項目を選べば、ストリーミングが開始されます。

[推奨環境]

iOS (iPhone, iPad)	OS: iOS 12 以降 ブラウザ：標準ブラウザ	Android	OS: Android 6 以降 ブラウザ：標準ブラウザ、Chrome
PC	OS: Windows 7/8/8.1/10, MacOS X　ブラウザ: Internet Explorer 10/11, Microsoft Edge, Firefox 48以降, Chrome 53以降, Safari		

※最新の推奨環境についてはウェブサイトをご確認ください。
※上記の推奨環境を満たしている場合でも、機種によってはご利用いただけない場合もあります。また、推奨環境は技術動向等により変更される場合があります。予めご了承ください。

本テキストをご使用の方は以下の動画を視聴することができます。

発音解説・練習動画

解説パート
李軼倫先生が発音のコツをわかりやすく解説

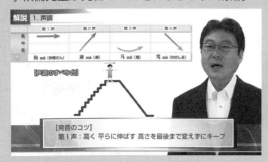

練習パート
チャンツを活用して、リズムに合わせて発音練習

文法解説動画

金子真生先生が文法について簡潔に解説

確認問題は CheckLink で解答状況を確認

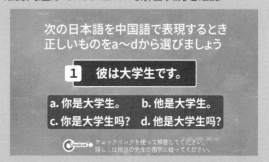

日中異文化理解動画

会話シーン

解説シーン

- 日本を舞台とした会話シーンでは、日本人学生と留学生のやり取りから、日中異文化を描いています。
- 解説シーンでは洪潔清先生による異文化理解の説明があります。

このシールをはがすと
plus⁺Media 利用のための
パスワードが
記載されています。

一度はがすと元に戻すことは
できませんのでご注意下さい。

◀ ここからはがして下さい

727 日中文化 Q & A　plus Media

このシールをはがすと
CheckLink 利用のための
「教科書固有番号」が
記載されています。

一度はがすと元に戻すことは
できませんのでご注意下さい。

◀ ここからはがして下さい

727 日中文化 Q & A　CheckLink

日中文化 Q & A

2023 年 1 月 9 日　初 版 発 行

著　者　Ⓒ李　　軼倫
発行者　　福岡　正人
発行所　　株式会社　金星堂

〒101-0051　東京都千代田区神田神保町 3-21
Tel. 03-3263-3828　Fax. 03-3263-0716
E-mail : text@kinsei-do.co.jp
URL : http://www.kinsei-do.co.jp

編集担当　川井義大　　　　　　　　　　2-00-0727
組版／株式会社欧友社　印刷・製本／興亜産業

ISBN978-4-7647-0727-6　C1087